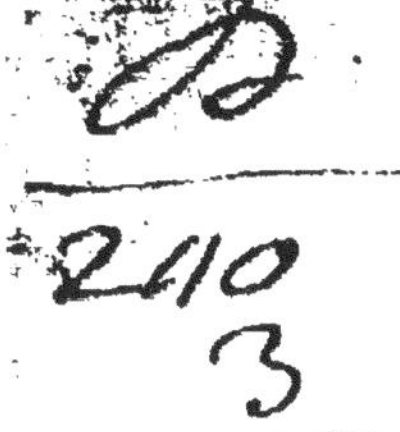

ETHOLOGIE

O U

LE CŒUR DE L'HOMME.

OUVRAGE, où après avoir parlé des principes de toutes nos actions, on entre dans le détail des vertus & des vices, à l'égard de Dieu, de soi-même, & de la société.

Noverim te, Deus, noverim me. S. Aug.

Par le Chevalier DE CRAMEZEL.

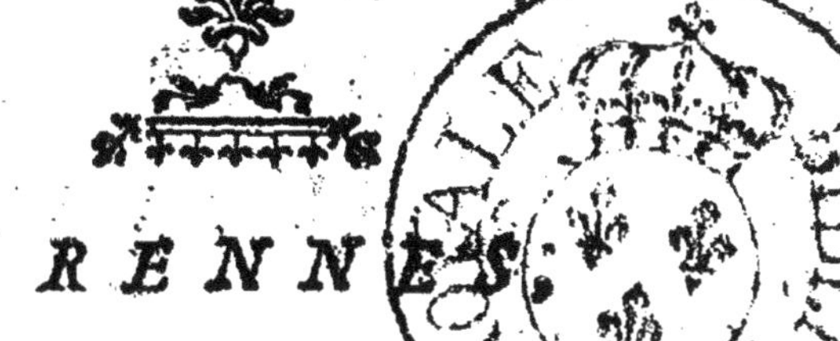

A RENNES

Chez {
JULIEN VATAR, père, (au coin de la) place du Palais & rue de Bourbon.
JUL. CH. VATAR, fils, au coin des rues Royale & d'Estrées au Parnasse.
}

M. DCC. LVI.

Avec Approbation & Privilège du Roi.

A MESSIRE,

MESSIRE

LE PRÊTRE,

CHEVALIER, SEIGNEUR

DE

CHÂTEAUGIRON,

Conseiller *du Roi en*
tous ses Conseils, Prési-
dent à Mortier en sa Cour
de Parlement de Breta-
gne.

MONSIEUR,

Comme rejetton d'une Maison

É I T P R E.

qui a toujours été ornée des excel-
lentes qualités inséparables de l'an-
cienneté dont elle est, veuillez bien
a réer un Ouvrage où sont rassem-
blés les principes fondamentaux des
Vertus morales & chrétiennes que
vous possédez.

Un Ouvrage qui paroît au jour
sous vos auspices, ne peut qu'être
bien accueilli du Public. Tout le
monde vous connoît un goût sûr,
un discernement juste ; & lorsque
votre nom décore le frontispice d'un
Livre, c'est un heureux préjugé
pour l'importance des matières qui
y sont traitées.

Il n'y en a point, MONSIEUR,
de plus intéressantes que celles que
j'ai entrepris de développer dans ce

volume. Il s'y agit de tout l'Homme considéré par rapport à Dieu, en lui même, & à l'égard de la société. J'ai tâché d'y exposer avec clarté les principaux ressorts qui font agir le Cœur humain, d'ouvrir à ses desirs le chemin de la véritable félicité, & d'écarter tous les obstacles qui pourroient l'en détourner.

Je suis bien éloigné de croire que mon stile réponde à la dignité des matières. J'ai voulu instruire, convaincre, & parler à des cœurs simples & droits, plûtôt qu'à des esprits opiniâtrément déterminés par les sophismes de l'erreur, & par la voix de l'impiété & des passions.

On a déja beaucoup écrit sur le

ÉPITRE.

même sujet ; mais l'incrédulité & le vice font dans ce siécle des progrès si rapides , qu'on ne peut opposer trop de digues à leur impétuosité.

J'espère, MONSIEUR, que vous voudrez bien jetter un regard favorable sur cet Ouvrage que j'ai l'honneur de vous offrir, & le recevoir comme un gage du profond respect avec lequel je suis,

MONSIEUR,

Votre très-humble & très-obéissant Serviteur

LE CRAMEZEL.

LE CŒUR

DE

L'HOMME.

L E Cœur de l'Homme a toujours paru un abîme impénétrable. C'est une mer de defirs, dont il semble qu'il foit impoffible de fonder la profondeur. Les Philofophes, dans tous les tems, fe font appliqués à l'étude de fes différentes affections, & ont tâché d'en développer les plus fecrets replis. Mais dans quels égaremens la plûpart ne font-ils pas

A

tombés ! Les uns, attribuant tout à une nécessité invincible, n'ont reconnu dans le Cœur humain que des mouvemens inévitables, & dont la force l'entraînoit vers certains objets, ou l'en éloignoit malgré lui. Les autres au contraire, faisant l'homme le souverain & l'arbitre de toutes ses habitudes, prétendoient que sans secours étrangers il pouvoit embrasser la pratique des plus rigides vertus, & se refuser sans peine aux attraits des vices les plus séduisans.

Deux sentimens également condamnables, & sources des erreurs les plus odieuses.

La Philosophie d'Epicure, & celle des Déistes de tous les siécles, a pour principal fondement une fatalité insurmontable en tout; & c'est cette même fatalité chimérique, qui, en matière de Religion, a donné naissance au Manichéisme, au Prédestinatianisme, au

Wicleffisme, au Luthéranisme, au Calvinisme, au Quiétisme, & à tant d'autres hérésies.

Le prétendu domaine absolu de l'homme sur lui-même fonde toute la doctrine des Stoïciens ; & le Pélagianisme, né depuis JÉSUS-CHRIST, porte entièrement sur la même erreur.

Il est vrai que l'homme est nécessité, & qu'il est libre en même-tems : nécessité, mais seulement sur son bien-être en général : libre sur le choix des biens particuliers, & sur celui des moyens par lesquels il espère en obtenir la possession ; mais de quelle liberté ? Non de celle dont il jouissoit avant sa chute, qui ne souffroit aucune atteinte, aucune altération de la part des objets extérieurs ; dans l'éxercice de laquelle il n'éprouvoit au-dedans de lui-même ni contradiction ni combat ; mais d'une liberté d'*indifférence* seulement ;

qui, quoique véritable, est affoiblie &
retardée par la violence des passions ;
& qui le fait moins embrasser la vertu
que s'arracher au vice : en un mot ;
d'une liberté dont l'abus est de lui seul,
& dont le bon usage suppose le secours
de Dieu, sans lequel elle ne peut recou-
vrer sa première vigueur.

Dans le dessein où je suis de traiter
des vertus & des vices, je pense devoir
faire connoître avant tout les principaux ressorts de tous les mouvemens
du cœur : ainsi j'établirai pour fondemens :

I°. Que le Cœur de l'Homme est invinciblement entraîné vers son bonheur
en général ; qu'il ne peut rejetter le bien
comme tel, ni chercher ou suivre le
mal que sous quelque rapport de son
contraire.

II°. Qu'il est vraiment libre sur le
choix de tel bien créé réel ou appa-

rent, & des voies qui lui paroissent propres à le conduire à ses fins.

III°. Qu'il peut éprouver des répugnances, & qu'il en éprouve en effet, dans l'exercice de sa liberté ; ce qui est pour lui une occasion de vertus.

IV°. Enfin, qu'il se trompe le plus souvent dans la recherche de son bonheur, le croyant où il n'est pas ; d'où naissent ses différens vices.

En suivant la route sure de ces principes lumineux & indubitables, j'espère arriver au développement & à la connoissance du Cœur humain.

PRINCIPES
FONDAMENTAUX
DE CET OUVRAGE.

I.

L'Homme a une pente invincible
vers son bien-être en général.

JE contemple ce vaste Univers ; j'y
vois régner un ordre invariable, une
harmonie constante. Tout y brille d'u-
ne beauté majestueuse : tout y dévoile
une magnificence sans bornes. Le plus
petit insecte déploie à l'œil étonné les
trésors d'une intelligence suprême, qui,
par des moyens aussi simples que surs,

conduit tout aux fins qu'elle s'eſt pro-
poſées.

En vain le Philoſophe impie voudroit me perſuader que tant de merveilles ne ſont que l'effet du hazard ; les
ſiſtêmes hardis de ſon imagination téméraire ne peuvent me ſouſtraire à la
connoiſſance d'un Dieu Créateur, dont
la ſageſſe éclate dans tous les ouvrages
de ſes mains.

Or cette ſageſſe me découvre une vérité inconteſtable : que l'Auteur de la
nature n'a rien pu créer que pour lui.
Un Etre auſſi parfait pouvoit-il agir pour
une fin qui ne fût pas digne de ce qu'il
eſt ? Et quelle fin plus digne d'un Dieu
que lui-même ? Dieu eſt donc la fin dernière de tout : nous ne pouvons donc lui
refuſer le raport de toutes nos actions,
ſans la plus grande injuſtice : il n'y a donc
rien qui ne doive ſe porter vers lui, comme vers ſon centre. Et en effet, ces vaſ-

tes Corps qui roulent au-deſſus de nos têtes, & dont nous admirons l'éclat, l'é-
quilibre, & les mouvemens ſi réguliers ;
les élémens ſi féconds en prodiges, les
pluies, les neiges, les grêles, les tonner-
res ; tout a reçu de la main du Créateur
une force, une action puiſſante pour la
manifeſtation de ſa gloire. Les arbres
& les plantes, les métaux & les animaux
publient à leur manière ſes grandeurs
& ſa bonté, annoncent qu'ils n'ont été
tirés du néant que pour révéler à des
créatures plus heureuſes l'infinité de ſes
perfections. Toute la nature conſpire
ſans ceſſe au maintien de l'ordre que
Dieu y a premièrement établi : tout ſuit
des loix vraies, juſtes, immuables.
Or Dieu n'eſt qu'ordre, vérité, juſtice,
immutabilité : ainſi tout dans l'Univers
eſt emporté néceſſairement vers ſon
Auteur. Si cette vérité ne ſouffre aucun doute à l'égard de la nature cor-

porelle ; si des êtres inanimés ou vi-
vans, mais auxquels une intelligence
réfléchie a été refusée, n'ont pu sortir
des mains de Dieu, sans une impulsion
invincible vers lui-même : que dirons-
nous de l'homme, que le Créateur a
formé à son image, & à qui il n'a donné un cœur & un esprit que pour le
connoître & l'aimer ? Dieu a voulu être,
& il ne se pouvoit pas qu'il ne fût la fin
dernière de toutes les autres créatures,
qui ne sont que le jeu de ses doigts :
l'homme, qui est l'effort de son bras,
le chef-d'œuvre de sa puissance, devoit donc se porter continuellement
vers son principe, & être attiré par de
fortes chaînes vers la Divinité, comme
vers son centre & son terme unique.
Or ces chaînes sont les desirs que le cœur
humain forme sans cesse pour son bonheur ; c'est ce penchant impétueux qui
l'emporte vers son bien-être : & com-

me Dieu est la première source de tout
bonheur, & un trésor inépuisable de
tout bien, c'est après lui que le cœur
soupire dans tous ses projets, du moins
implicitement ; c'est lui qu'il cherche,
lors même qu'il s'attache à des objets
qui l'éloignent le plus de la souveraine
béatitude.

Il suit delà que l'homme ne peut jamais refuser le bien, parce qu'il est
bien, ni desirer le mal pour le mal.
Les Augustins, les Hilarions, les Je-
rômes, qui se sont arrachés à toutes les
voluptés de la vie, pour se livrer aux ri-
gueurs de la Pénitence, n'étoient guidés dans le chemin de la Croix que par
l'amour de la félicité.

Convaincus qu'ils pouvoient la perdre pour toujours, en prenant le peu
de miel que le monde leur présentoit,
la douceur passagère de ce miel leur parut l'amertume la plus cruelle ; & au

contraire, au milieu de leurs souffrances qu'ils regardoient comme le germe d'une béatitude sans fin, ils goûtoient des délices inépuisables qui en étoient l'avant-goût & le gage. Ce n'est point l'amour des mortifications ou des supplices, c'est l'espérance d'en recueillir les fruits salutaires qui a peuplé d'Anachorétes les déserts de la Thébaïde, & fait couler le sang des Martyrs. Mais changeons d'exemples.

Timante vient de refuser un emploi brillant, auquel étoient attachés beaucoup de respects, & quarante mille livres de rente. Est-ce à la vénération publique qu'il a voulu se dérober ? ou étoit-il peu flatté d'un revenu qui lui eût procuré toutes ses commodités, & qu'il auroit eu le plaisir de partager avec trente familles dans l'indigence ? Non, sans doute ; mais il se dit Philosophe : il aime la liberté, le repos,

la tranquillité. L'esclavage, les fatigues, l'inquiétude sont inséparables des
dignités. Il a donc cru par son refus
se conserver un bien précieux, & éviter un mal véritable.

Pezophile, après avoir ruiné par le
jeu sa fortune & son crédit, a sacrifié
son honneur & sa probité à l'espérance
d'avoir bientôt une somme considéra-
ble. Il a rendu un faux témoignage dans
une affaire de la dernière importance.
La calomnie a été découverte à l'ins-
tant même, & le calomniateur jugé
suivant la rigueur des loix. Le jour
que l'arrêt devoit s'éxécuter, on le
trouva un rasoir à la main, & qui na-
geoit dans son sang. Est-ce la mort,
& une mort aussi cruelle, qu'il avoit
desirée? Vous ne vous le persuaderez
jamais ; mais en se la donnant, il l'a
envisagée comme la fin de son désef-
poir & de ses remords, & comme l'u-

nique moyen de ſe ſouſtraire à l'ignominie la plus affreuſe & la plus acca-
blante.

L'Homme, dans toutes ſes actions,
ne peut donc avoir en vue que ſon bien-
être, ou, ce qui revient au même, eſt
néceſſité vers ſon bonheur en général.

I I.

*L'Homme eſt véritablement libre
ſur le choix des biens créés tels
& déterminés, & ſur celui des
différentes voies qui peuvent le
conduire à la poſſeſſion de ces mêmes biens.*

Pour être convaincu de cette vérité,
il ne faut que réfléchir ſur la nature des
biens créés, ſur celle du Cœur humain,
& ſur les ſentimens intérieurs qui nous
annoncent d'une manière ſi claire le
don précieux de la liberté dont nous

jouiſſons. Si d'un côté les créatures pré-
ſentent à l'eſprit du Philoſophe des
beautés & des rapports qui le frappent
d'admiration ; de l'autre elles n'offrent
rien au Cœur de l'Homme qui puiſſe
le remplir. Il n'y en a aucune qui ne
ſoit parfaite en ſon genre, & qui ne
ſe rapporte d'abord à une fin très-bonne, & en dernier lieu à la meilleure
de toutes les fins, à Dieu même. Mais
elles ſont toutes tirées du néant ; & ainſi
n'étant que vuide, privation, limites,
elles n'ont aucune proportion avec des
deſirs de plénitude, de jouiſſance, &
infinis dans leur étendue. Et pour ne
parler que de celles qui enflamment le
plus les deſirs de la plûpart des hommes, que ſont les richeſſes, les honneurs, les plaiſirs ?

Les richeſſes ne ceſſent d'inviter celui qui les poſſéde à les répandre dans
le ſein de l'indigent. Nous ne ſommes

pas votre bien, lui difent-elles ; mais un dépôt qui vous eft confié, & que les befoins de vos frères vous redemandent. Les dignités crient à celui qui en eft révêtu : devenez par nous le père de l'orphelin, l'époux de la veuve affligée, l'appui du foible, le bouclier de l'innocence perfécutée : fi vous êtes des Dieux fur la terre, par la grandeur & l'éclat qui vous environnent, foyez le plus véritablement par la reffemblance avec cet Etre fuprême, qui ne dédaigne pas de rendre les ouvrages de fes mains participans de fa gloire. Ménagez-nous, difent les plaifirs au cœur qui en eft avide, fi vous voulez goûter nos douceurs ; ne jouiffez de nous, ou plûtôt n'en ufez qu'avec mefure, & lorfque la loi de la nature & celle de la grace vous le permettent ; ne vous repofez pas en nous ; nous ne fommes que l'ombre du bonheur : Dieu feul en eſt la réalité, la ſource & le terme.

C'eſt dans ce cri de toute la nature pour la gloire du Créateur, que conſiſte tout ce que les créatures renferment de bon & de parfait en ſoi, d'heureux & de précieux pour l'homme. Ne nous en ſervons qu'en les conſidérant ſous ce rapport, & par elles nous arriverons à la ſouveraine félicité. Mais n'oublions jamais qu'elles ſont incapables de raſſa-ſier nos appétits ſans bornes.

Des richeſſes qu'on n'acquiert qu'avec beaucoup de fatigues, qu'on ne con-ſerve qu'avec crainte & danger de les perdre, qui nous ſont ſouvent enlevées à l'inſtant même de leur poſſeſſion : des honneurs qui nous coûtent les plus grandes humiliations, qui nous atti-rent l'envie & la haîne de nos concur-rens, & dont le ſouvenir, quand nous en ſommes dépouillés, nous cauſe une douleur d'autant plus amère qu'ils nous

ont plus vivement affectés : des voluptés que nous achetons par toutes fortes de facrifices, & qui nous échappent
lorfque nous croyons en jouir, qui enfin ne nous laiffent que le repentir & le
dégoût : font - ce là des objets qui puif-
fent remplir un Cœur auffi vafte que le
nôtre ?

Mais eft - il bien vrai que le Cœur de
l'Homme foit infini dans fes defirs ?

On ne peut douter qu'il ne foupire
continuellement après le bonheur. Il eft
de la nature de tout ce qui éxifte, de
chercher fon bien-être. Le bien-être
eft une perfection : les bornes font une
imperfection. Or, il répugneroit que
ce qui tend à la perfection, tendît en
même tems à l'imperfection. Ce feroit
donc être contradictoire à foi - même,
que de foutenir que le Cœur, en fou-
haitant fon bonheur, voulût qu'il fût
limité. D'ailleurs, ce ne fera pas Dieu

qui mettra des bornes à nos desirs ; puisqu'au contraire il nous a donné une
pente invincible vers lui-même , qui
est le bien par essence & le bonheur
infini en tout genre. Quant aux créatures, elles peuvent bien se refuser à
nos vœux ; mais elles ne sçauroient nous
empêcher de les former , bien loin
qu'elles soient capables d'en fixer la me-
sure , ou d'en arrêter l'impétuosité.
Concluons : tout est fini dans les créatures ; les desirs du Cœur de l'Homme sont infinis ; nulle proportion entre
ce qui reçoit des bornes & ce qui n'en
reçoit point : il seroit donc contre la
nature de notre Cœur d'être emporté
nécessairement vers quelque bien créé
que ce soit , tel & déterminé. Nous sommes donc libres de rechercher tel ou
tel objet , & de prendre telle ou telle
voie pour arriver à notre but. Ce que je
dis des biens créés en particulier, doit

aussi s'entendre des voies différentes qui peuvent nous y conduire, le moyen de parvenir à quelque bien étant un bien lui-même.

La vérité que je viens d'établir n'est pas seulement de spéculation, mais encore de pratique ; & je me rapelle ici la première Satyre d'Horace, où ce Poëte nous représente un Matelot battu de la tempête, qui envie le sort du Soldat ; un Soldat accablé d'années & de fatigues, qui est jaloux de l'état du Marchand; un Payfan ébloui du luxe & du tumulte des Villes, qui ne croit heureux que ceux qui y habitent; un Avocat réveillé dès l'aurore & confulté par un Plaideur inquiet, & fouvent fur un rien, qui ne trouve point de genre de vie préférable à celui que l'on méne dans le filence & le repos des campagnes. Que Jupiter, ajoûte Horace, veuille échanger les conditions de tous ces mécontens ; ils s'obſtineront à reſter ce qu'ils ſont. Et moi je dis : qu'ils deviennent ce qu'ils n'étoient pas ; ils ſeront peut-être ſatisfaits pour le jour, mais le lendemain autres chagrins, autre inconſtance, autres deſirs. Pourquoi cela ? Parce que l'homme ne prenant un parti que pour être heureux, & s'appercevant qu'il ne l'eſt point autant qu'il pourroit & qu'il deſire l'être, il ſe croit ſouvent plus mal où il eſt, & eſpère toujours être mieux où il n'eſt pas. Il a donc une vraie liberté de ſouhaiter de changer de place.

Je ſçais que les premiers mouvemens qui nous entraînent d'abord vers ce qui nous paroît un bien, ne dépendent point de nous. Ils ſont une ſuite néceſſaire de cette impulſion que notre Cœur a reçue de l'Auteur de la nature vers la félicité. Mais la réfléxion vient ; & ſi le deſir preſſe d'un côté, la raiſon par le de l'autre. Alors nous délibérons, & pouvons terminer tout combat, en rejettant tel ou tel bien préfenté, ou en nous y attachant... Mais parlons maintenant des répugnances que nous éprouvons au-dedans de nous-mêmes à l'inftant de la délibération.

I I I.

L'Homme dans l'éxercice de fa liberté eft agité de combats intérieurs, qui peuvent être pour lui la fource des plus grandes vertus.

L'Homme, depuis fa chute, eft fujet à bien des paffions. Elles femblent toutes confpirer à une même fin qui eft fon bonheur ; puifqu'il n'y en a aucune qui ne lui propofe la jouiffance de quelque bien particulier : mais leurs intérêts font fouvent oppofés, & leurs objets abfolument incompatibles ; de

manière qu'elles ne cherchent alors
qu'à se détruire mutuellement. Les nua-
ges qui s'élévent de leur sein, ne peuvent éclipser entièrement & pour toujours le soleil de la raison humaine. Sa
vive lumière, & l'expérience que nous
faisons de l'insuffisance des créatures
pour nous rendre pleinement heureux,
nous découvrent qu'il n'y a aucun des
biens vers lesquels nous nous sentons
attirés par la concupiscence, ou par les
charmes de la séduction, que nous ne
puissions envisager sous le rapport ou
d'un néant véritable, ou d'un malheur
certain ; voilà les causes de nos déli-
bérations : voilà pourquoi notre Cœur
veut, & ne veut pas le même objet.
Il le desire comme propre à contenter
telle passion ; il le refuse comme contraire à telle autre, ou parce que la
raison lui en défend la recherche. L'o-
rage s'éléve au-dedans de nous-mê-

mes : un vent favorable semble nous
emporter loin de l'écueil , lorsqu'un
vent contraire nous y pousse avec violence. Ne craignons point cependant d'é-
chouer , pourvu que nous écoutions la
voix de la raison , Pilote aussi sûr que
sage. Si le bruit des flots , le fracas de
la tempête , écartent pour quelques ins-
tans cette voix salutaire , ne cessons pas
de prêter une oreille attentive ; elle
percera bientôt avec éclat , & nous
fera arriver au port de la tranquillité ;
& conséquemment du bonheur. Mais
souvent nous nous étourdissons sur les
malheurs qui nous menacent : le riva-
ge funeste , où nous desirons d'abor-
der , ne paroît pas éloigné à nos vœux
impatiens ; nous négligeons tout conseil ; nous ne voulons pas voir le danger , ou nous espérons le franchir ; nous
y périssons : n'est-ce pas là un naufra-
ge volontaire ?

Le grand Corneille dans ſes Tragé-
dies , & ſurtout dans les beaux mono-
logues de Rodrigue & de Polieucte,
nous a laiſſé les peintures les plus vives
des combats qui s'élévent dans notre
cœur , lorſque nous délibérons.

Faiſons voir préſentement que ces
combats peuvent être pour nous une
ſource des plus grandes vertus. Il eſt
vrai qu'ils ſont auſſi l'occaſion de pluſieurs vices pour des hommes qui ſe
laſſent de repouſſer une attaque à laquelle il leur ſeroit ſi doux de ſuccom-
ber ; pour des Cœurs qui ne réſiſtent
que foiblement , & qui deſirent leur
propre défaite : mais des ames géné-
reuſes , & qui ſe ſentent de la nobleſſe
de leur origine , acquièrent plus de
conſtance & de fermeté par la violence des ſecouſſes qu'elles reçoivent ;
plus de courage & d'ardeur par l'impétuoſité des chocs qu'elles ont à ſoute-
nir.   II

Il y a des personnes nées avec un ca‑ractère heureux, dont le sang circule dans les veines d'un cours égal & tran‑quille ; que rien n'émeut, n'agite, ne surprend, dont le Cœur ne sçait ce que c'est que desirs, choix, amour de pré‑férence, & qui vivent dans un calme si parfait que quelquefois il dégénère en insensibilité. Elles ne connoissent point les vices ; d'accord : mais elles n'ont la plûpart que des vertus de tempérament ; & celles-ci ne font pas toujours les plus éclatantes, les plus solides, si toutes‑fois ce font des vertus. L'existence de la vertu est tellement attachée à la pos‑sibilité du vice, qu'on n'a jamais dit, *les vertus*, mais, *les perfections divines*. Or une apathie générale est, si vous le voulez, incompatible avec le vice ; si cependant elle n'est un vice elle-même.

Ariste a reçu un outrage : A peine en a-t-il été d'abord un peu ému ; quelques

heures après il a oublié l'injure, & ne
s'eſt plus ſouvenu que de l'amitié qu'il
avoit vouée à celui qui venoit de l'in-
ſulter. La modération n'eſt point chez
lui lâcheté; les cicatrices dont ſon
corps eſt couvert, & qui lui ont mé-
rité le grade de Maréchal de Camp,
ſont les preuves glorieuſes de ſa valeur. Ariſte eſt d'un caractère admirable à la vérité : mais Cleon ne mé-
rite-t-il pas plus d'éloges? Il eſt dans le
même cas : né vif, emporté, ſes premiers mouvemens iroîent juſqu'à la
fureur, s'il ne veilloit continuellement ſur lui-même pour en reprimer
la fougue. Il ſent combien la vengeance la plus cruelle lui ſeroit douce;
& néanmoins, pour étouffer dans ſon
cœur juſqu'au germe de l'indignation,
il comble de careſſes & de bienfaits le
téméraire qui a oſé l'outrager. Le par-
don des ennemis n'eſt chez Ariſte

que l'effet d'un naturel pacifique & in-
dulgent : chez Cleon c'est l'acte le plus
héroïque de la vertu la plus sublime.

Polimas devoit succéder aux biens
immenses de son père ; mais par un
revers imprévu il n'a hérité que de l'é-
clat de son nom, à la faveur duquel
le Roi lui a donné un régiment. Il
est dans l'ardeur de la jeunesse. S'il
vient à périr dans les champs de l'honneur, il n'a ni épouse, ni enfans à re-
gretter. Ce n'est que par des actions
d'éclat qu'il peut s'attirer les regards
du Prince, & se frayer une route à la
gloire. Loin de craindre les dangers,
il les prévient, il les cherche, il s'y livre. Rien en cela de surprenant ; rien
au contraire qui ne soit selon ses vues,
& selon l'état présent de ses affaires.

Polimas n'est que brave. Mais Théa-
gene est un héros ; lui qui s'arrache à
toutes les douceurs du repos, & de l'a-

bondance, aux tendres embraffemens
de fa femme & de fes fils, pour voler aux
horreurs d'une guerre fanglante, dont
le fuccès, quelque glorieux qu'il puiffe
être pour lui, n'ajoûtera rien à la hau-
te réputation qu'il s'eft acquife.

Que Parthenie fe réjouiffe ; mais
qu'elle ne fe félicite point de fa chafteté !
Comment y donneroit-elle atteinte,
elle qui n'a jamais été acceffible à aucun fentiment de tendreffe, ou même
de pure amitié ? Cette vertu n'eft chez
elle qu'indifférence, ou peut-être qu'orgueil.

La héroïne felon moi de l'innocence & de la pureté des mœurs, c'eft
Mélanide, qui contre fon goût & fes
inclinations naturelles s'eft toujours
févèrement interdit les plus innocens
fpectacles, la lecture des romans les
plus châtiés; qui évite tout entretien
avec des perfonnes d'un fexe différent,

quelque grande que foit leur modeftie
& leur retenue; enfin qui vient de refufer la main d'un jeune homme riche,
aimable, & qu'elle eût préféré à tout,
fi elle n'eût été convaincue qu'il lui
feroit plus glorieux & plus avantageux
de faire à Dieu l'entier facrifice d'elle-
même & de tout ce qui n'eft pas lui.

Il eft donc démontré que la répugnance que l'homme éprouve fouvent
lorfqu'il fe confulte fur le choix des
biens créés, eft une occafion pour lui
des actions les plus vertueufes; & par
conféquent que s'il tombe dans des actions contraires, c'eft moins cette même répugnance que fa moleffe à ne la
pas vaincre qu'il doit accufer.

Mais, me dira-t-on, c'eft parce
qu'il place fon bien-être dans cette moleffe, ou du moins dans fes fuites néceffaires, qu'il la chérit & s'y abandon-
ne. Auffi me refte-t-il à établir, pour

quatriême & dernier principe ; que l'Homme met souvent son Bonheur où il n'est pas.

IV.

Le Bonheur de l'Homme n'est pas toujours où il le cherche.

L'Homme ne se trompe jamais dans ses desirs, mais seulement sur leur objet. Il veut toujours être heureux. Cependant, combien de fois ne trouve-t-il que peine & amertume, où il ne cherchoit que douceur & plaisir ?

Tout ce qui éxiste peut être considéré sous le double rapport du bien ou du mal ; & ce bien ou ce mal est ou réel ou apparent. Pour enflammer notre Cœur, l'apparence du bien suffit : mais la réalité seule peut le satisfaire pleinement. En poursuivant donc la jouissance des créatures, qui, loin d'être la réalité du bonheur, n'en sont tout au plus que l'ombre, il peut s'en amuser quelques momens; mais bien tôt après il se voit isolé, vuide & dénué de tout. Lorsque ces mêmes créatures viennent à se découvrir du côté peu avantageux, que l'illusion cesse, & que toute leur laideur est au grand jour, alors il est véritablement malheureux. Son erreur le désespère; sa prétendue félicité s'évanouit : il ne lui reste qu'un souvenir inutile & d'éternels remords.

Un jeune Marquis jouissant de ses droits & de soixante mille livres de revenu, unissant à beaucoup d'esprit tous les avantages du corps, & qui pouvoit choisir entre vingt filles de naissance aimables & riches, vient par l'aveuglement le plus funeste d'épouser une de ces Femmes, dont un cortége d'Amans fait tout le mérite. Il n'a pas voulu écouter les conseils de ses amis. Elle a sçu lui tenir rigueur, & l'amener à ses fins. Le mariage s'est conclu. Le premier jour, l'idée de la possession de sa divinité le transportoit de la plus grande joie. Un mois s'est écoulé : tout-à-coup il parut sombre, réfléchissant, inquiet; & en peu de tems sa tristesse & ses regrets devinrent si vifs qu'il auroit pris quelque parti violent contre lui-même, si ses amis n'eussent résolu de ne point le quitter afin de le ramener à sa raison, & de consulter ensemble, dans le calme & le sein de l'amitié, sur ce qu'il lui convenoit de faire.

Le beau sexe & le nôtre s'accusent réciproquement d'inconstance : qu'ils se reprochent plûtôt leurs imperfections.

Une femme est belle, & rien que cela; ou belle, spirituelle & tendre; mais avare, jalouse, capricieuse. A-t-elle raison de se plaindre de ne pou-

voir fixer le Cœur de l'Homme ? En est-
il qui mette des bornes à ses desirs ? En
est-il aussi qui ne voulût que Dieu fît
tout exprès pour lui une femme d'une
espéce nouvelle ? Cet homme est
grand, bien fait, plein d'esprit & de
graces ; mais il est coquet, avantageux, bizarre, emporté, prodigue ou
joueur ; aussi a-t-il été presque aussi-tôt
congédié que bien reçu de toutes les
femmes à qui il a fait la cour : preuve incontestable du vuide qu'il laissoit
dans leur Cœur.

Mais, me direz vous, j'épouse un
homme, ou une femme accomplie.

Oh ! je n'en crois rien ; & sûre-
ment vous voyez avec des yeux de pré-
vention. D'ailleurs, je veux que ce soit
le phénix de son sexe : un tems viendra que cet objet si parfait, si chéri,
vous sera enlevé, qu'il faudra vous en
séparer. Je vous demande dès-à-pré-

sent, pour ce moment là : où est vôtre
bonheur ? Il me fuit , me répondrez
vous ; il m'échappe. En avez-vous jamais joui, ajoûterai-je ? Jamais , me re-
pliquerez vous ; la certitude où j'étois
de le perdre , & l'incertitude du moment d'une séparation aussi cruelle , ré-
pandoient les plus vives amertumes
sur le plaisir de sa possession.

Peut-on se refuser à la vérité du
principe que je développe ici, quand
on éprouve continuellement qu'au milieu des plaisirs les plus multipliés , les
plus variés , on desire toujours au-delà ?

Ne concluons pas toutefois qu'il
ne faut prendre aucune inquiétude sur
l'acquisition ou sur la conservation
des biens créés. Dieu les a donnés à
l'homme ; non pas afin qu'il s'y repo-
sât : il y a versé trop de fiel ; mais
afin qu'il s'en servît comme de dégrés
pour s'élever jusqu'à lui, qui est le seul
bien réel & permanent.

Il est donc hors de doute que quiconque cherche sa félicité dans les
créatures se trompe sur le véritable objet de ses desirs : il n'est pas moins
certain que cette erreur est la source
des plus grands vices.

Tous ceux qui mettent leur bonheur
suprême dans les objets créés, dans
l'opulence, par exemple, ou dans les
dignités ou dans la satisfaction des
sens, font ce raisonnement d'une manière implicite, si-non expresse : Les richesses, les honneurs, les plaisirs sensuels, voilà notre bonheur ; voilà
donc aussi notre fin. Plus nous mul-
tiplierons ces biens, plus nous serons
heureux ; nous ne devons donc avoir
d'autre but, dans toutes nos actions,
que la jouissance & la multiplication de
ces mêmes biens : c'est où il nous faut
tendre de toutes les facultés du corps
& de l'ame. Donc, dit l'Avare, soyons

un usurier, un injuste, un usurpateur;
puisque ce sont là des moyens sûrs
d'accumuler des richesses. Donc, dit
l'Ambitieux, employons la fourberie,
la lâcheté, la trahison, si ce sont autant de voies pour arriver aux plus hau-
tes dignités. Donc, dit le Voluptueux,
ne cherchons qu'à séduire la simplicité,
qu'à corrompre l'innocence: ne nous
faisons aucun scrupule de causer le
trouble & le deuil des familles; le rapt
même ne doit pas nous coûter, s'il fa-
vorise l'éxécution de nos projets.

Je frémis à la seule pensée de tant
d'horreurs; mais elles se commettent
tous les jours: ce qui prouve la rareté
des exceptions que pourroit souffrir la
proposition générale que j'ai avancée
en dernier lieu.

Des quatre principes posés ci-dessus,
concluons, par une sorte de récapitula-
tion, que l'homme ayant reçu de Dieu
une

une impulſion néceſſaire vers ſon bien-
être en général , & ne pouvant être
parfaitement heureux par la poſſeſſion
d'aucun bien tel & déterminé , il eſt
vraiment libre ſur le choix des biens
créés en particulier ; & que les répugnances qu'il éprouve dans l'exercice
de ſa liberté , ſont pour lui des occa-
ſions de vertus , comme ſon erreur
ſur le véritable objet de ſes deſirs
une ſource de vices.

Mais à-préſent que nous avons fait
connoître les principaux reſſorts & les
premiers mobiles du Cœur de l'Homme , détaillons les vertus & les vices.

DES VERTUS
ET DES VICES
DU CŒUR HUMAIN.

ENTRE les deux substances qui composent ce tout merveilleux qu'on appelle Homme, il y a diversité de natures, & néanmoins dépendance mutuelle d'opérations.

L'éxistence de mon corps m'est attestée par les impressions que font sur lui les autres corps qui l'environnent, par celles que ses différentes parties reçoivent les unes des autres, & surtout par le rapport continuel & forcé de mes sensations à quelque matière

qui soit extérieure au principe de toutes mes pensées : mon ame comprend,
raisonne , combine , délibére , veut ,
ne veut pas.. Ce sont là des opérations que je puis nommer de pure intelligence, parce qu'elles sont indé-
pendantes des organes du corps, à
moins que par elles l'ame ne se porte
vers des objets sensibles. Mais ses autres opérations , qu'on appelle sensations, & qui sont les perceptions des
couleurs, des sons, des odeurs & de
toutes les autres qualités corporelles
qui peuvent tomber sous les sens,
dépendent du mouvement des organes; & cette dépendance est réciproque, c'est-à-dire que tel organe mû ,
l'ame a telle sensation, il y a du mouvement dans tel organe.

Il ne sera pas hors de propos d'observer que la vibration de l'extrémité
intérieure du nerf est nécessaire & suf-

fit à la fenfation. Touchez légèrement une perfonne enfevelie dans un profond fommeil, elle ne le fentira pas ; parce que le mouvement dans l'extrémité extérieure du nerf ne s'eft pas communiqué à fon extrémité intérieure : au contraire dans nos fonges nous avons des fenfations réelles des fons les plus harmonieux, ou des couleurs les plus vives ; parce que l'extrémité intérieure du nerf auditif ou du nerf optique eft agitée, quoique l'extrémité extérieure ne reçoive aucune impulfion. C'eft dans cette dépendance réciproque des fenfations de l'ame & des mouvemens du corps, que les matérialiftes s'imaginent trouver le fondement de leur fiftême monftrueux. Voici de quelle manière ils raifonnent : Toute action de cette prétendue ame de l'Homme fuppofe du mouvement dans la matière, & eft d'autant plus ou moins vive, que la matière est plus ou moins susceptible de division & de mouvement. Il n'y en a donc aucune qui n'éclose du sein de la matière, & par conséquent ce que vous nommez *ame* n'est autre chose que la matière même.

Tout est faux dans ce raisonnement ; principe & conséquence. Premièrement, l'ame agit sans le secours de la matière. Elle a mille idées d'autant d'objets qui ne peuvent affecter aucun de nos sens extérieurs. Elle conçoit les proportions purement algébriques, la justesse d'une conséquence, l'ordre, la vérité, l'équité, l'être en général : qu'y a-t-il de sensible dans tous ces objets ? En second lieu, de ce que l'ame n'a point de sensations, qu'il n'y ait du mouvement dans les organes du corps auquel elle est immédiatement unie, que peut-on con-

clure ? Que le mouvement des organes eſt l'occaſion, non le principe des
ſenſations : ce n'eſt donc pas la ſub-
tilité de mes eſprits animaux, ou ſi
l'on veut la vibration de mes nerfs
qui perçoit les couleurs, les ſons &
les autres qualités ſenſibles ; mais c'eſt
dans mon ame que ces ſenſations là
ſont reçues, en conſéquence du décret de l'Auteur de la nature qui les a
attachées à tel mouvement dans tel
ou tel organe.

Je converſois dernièrement avec un
matérialiſte ; & de pluſieurs abſurdités,
qu'il vouloit donner pour autant de
principes, il concluoit qu'il ne pen-
ſoit que par la matière. Je lui fis une
obſervation toute ſimple, mais à laquelle cependant il ne répondit qu'en
tergiverſant ; & la voici : Dire : Je
penſe par la matière, c'eſt convenir
qu'il y a une diſtinction réelle entre la

matière & le moi qui penfe; c'eſt prendre la matière pour l'occaſion , & le moi ou l'ame pour le principe de la penſée. Autrement il faudroit dire : La matière penfe en moi, ou, ce qui revient au même, la matière eſt le moi qui penfe. Il n'y auroit donc rien de ridicule dans ces propoſitions : L'agilité des atomes fluides qui font le principe de tous les mouvemens de mon corps, vous démontrera la vérité que vous révoquez en doute : la diviſion de mon fang conçoit ce que vous me dites : le mouvement de mes efprits animaux, ou la vibration de mes nerfs délibére fur le parti que je dois prendre. Or qui n'éclateroit de rire à de pareils difcours ? Il eſt donc certain que ce qui penfe en moi eſt d'une nature totalement différente de celle de mon corps, dans lequel je ne verrai ou ne concevrai jamais qu'étendue ,

figure, couleur, repos & mouvement ;
attributs absolument incompatibles
avec la pensée. Les idées des choses
purement intellectuelles, des rapports
algébriques par exemple, sont - elles
quarrées, cubiques, cilindriques, jau-
nes, rouges, bleues ? Me donnera-t-
on la moitié de l'idée que j'ai de l'u-
nité, de la sagesse, de l'ordre ? Mais,
me demandera-t-on, comment deux
substances si opposées en nature sont-
elles, du moins à l'égard de certaines
opérations, comme nous l'avons ob-
servé, une dépendance réciproque ?

Comment ? Je l'ai déja dit : c'est
en vertu du décret de Dieu, qui a
voulu qu'à l'occasion de tel mouvement, dans tel organe, il s'excitât
dans l'ame telle sensation. Et ce décret n'est pas ici un subterfuge, quoiqu'on ne voie pas la nature même du
lien des deux substances.

Quel rapport, demanderai-je à mon tour avec bien plus de fondement, entre remuer la terre & tirer de son fein le centuple de ce qu'on y a jetté ? En conçoit-on, & peut-il y en avoir quelqu'autre que la volonté abfolue du Créateur ? Qu'eft-ce que polir une glace ? C'eft en abbattre les inégalités, mettre de niveau tous les points de fa furface. Mais fans une loi établie par l'Auteur de la nature, feroit-ce produire les objets qui font en deçà de cette furface unie, & leur donner une autre éxiftence dans un efpace qui n'éxifte pas lui-même ? Si l'on attribue ce prodige à la réfléxion de la lumière, caufée par le vif argent, ou par quelqu'autre corps appliqué immédiatement à la furface poftérieure de la glace, je demanderai toujours le pourquoi, le comment, le rapport entre cet effet merveilleux, & la caufe qu'on lui suppose. Ma langue se meut, & son mouvement se communiquant de globules en globules à tout le rayon de l'air qui se trouve depuis l'organe de ma voix jusqu'à celui de votre ouie, mes idées deviennent les vôtres. Y a-t-il quelque autre analogie que la convention des hommes, entre les sons que ma bouche articule, & les pensées qui s'excitent chez vous ; comme entre ces mêmes pensées, & de petites figures rondes, quarrées ou triangulaires tracées sur du papier, ou gravées sur la pierre ou le marbre, le cuivre, l'or ou l'argent ? Et la volonté Divine ne pourra pas avoir le même effet que la convention humaine opére ?

Les organes du corps ne sont donc encore un coup que l'occasion, & non la cause efficiente ou le principe de nos sensations. Le décret de Dieu, en vertu duquel tel mouvement dans te l nerf excite telle senfation dans l'ame, eft un décret parfaitement libre & arbitraire. L'ame pourroit entendre par l'œil, comme elle pourroit voir par l'oreille, puifqu'entre fes opérations & la vibration des organes du corps auquel elle eft unie, il n'y a aucun rapport direct, effentiel ou pris dans la nature même des deux fubftances : d'où vient que nos fenfations, pour être occafionnées par le mouvement de la matière, n'en font pas moins immatérielles que nos idées les plus abftraites & les moins relatives à la matière.

Il eft donc conftant que malgré la dépendance qu'il y a entre le mouvement des organes de notre corps & certaines opérations de notre ame, ce font deux fubftances d'une nature tout-à-fait oppofée. Comme l'ame n'eft

pas matérielle , elle ne peut ſe diſſou-
dre ou ſe corrompre , & conſéquemment eſt immortelle. Non que le Dieu
qui l'a créée ne puiſſe abſolument l'a-
néantir ; mais elle ne tendra jamais
d'elle - même à ſa deſtruction , & elle
durera tant que Dieu ſera ſuppoſé ne
point révoquer le décret qui l'a tirée
du néant.

On diſtingue dans l'ame deux facultés , l'entendement & la volonté.
La volonté ne recherche ou ne fuit
les objets qui lui ſont extérieurs , qu'a-
près que l'entendement les lui a préſen-
tés comme bons ou mauvais. L'entendement ſe trompe dans ſes jugemens ,
lorſqu'occupé de préjugé ou obſcurci
par les vapeurs qui s'élévent du ſein
de ſes paſſions , il ne réfléchit pas aſſez, ne ſe donne pas le tems d'éxaminer les choſes de plus près , ne ſe
replie pas pour ainſi dire ſur ſes pro-

pres idées. La pente qui nous porte d'abord vers les objets sensibles est une suite nécessaire du méchanisme de notre corps ; & le déréglement de nos passions vient de l'abus que nous faisons de cette première impulsion vers les biens créés. Mais c'est un abus libre & volontaire, & dans lequel l'homme ne tomberoit pas, si son esprit ne s'attachoit qu'à connoître les objets tels qu'ils sont, s'il ne se laissoit point éblouïr par le faux éclat d'une apparence frivole, s'il apprécioit tout dans sa juste valeur, & que sa volonté ne poursuivît rien qui ne pût le conduire à une félicité véritable & permanente. Si donc notre corps peut être quelquefois une occasion de mauvaises actions, notre ame avec le secours du Dieu tout-puissant, qui ne lui manque jamais quand elle le demande sincèrement, sera toujours la maîtresse de n'en produire que de bonnes.

Or la répétition des actions forme l'habitude ou facilité d'agir. Les actions font-elles conformes à la volonté de Dieu, à l'ordre éternel, immuable, qui en est la régle sure ; l'habitude est bonne & s'appelle vertu ; & l'on nomme vice celle que l'on contraste en répétant des actions désordonnées & contraires à la loi divine. Toutes les notions que je viens de donner n'étoient pas moins requises à l'entière connoissance du cœur humain, que le développement des principes établis ci-dessus. Ces principes & ces notions forment avec la matière que j'ai à traiter une chaîne qu'on ne peut interrompre sans ruiner tout l'ouvrage. Commençons.

L'Homme forti des mains du Créateur, est obligé envers l'auteur de son être ; né pour être heureux, il se

doit à lui-même de travailler à sa félicité ; deftiné à vivre avec fes femblables, il doit concourir à l'ordre univerfel , & conféquemment au bonheur général de la fociété.

Remplit-il ces obligations ; il eft
vertueux : y déroge-t-il ; il eft vicieux.

Il peut donc être l'un ou l'autre
1°. A l'égard de Dieu.
2°. A l'égard de lui-même.
3°. A l'égard de la fociété.

Comme prefque toutes les vertus
confiftent dans un jufte milieu entre
deux extrémités également contraires
& condamnables, qui font l'excès &
le défaut ; je traiterai dans chaque
chapitre, 1°. de telle vertu, 2°. du
vice qui eft l'excès de cette même
vertu , 3°. de celui qui en eft le défaut. J'aurai foin de ramener tout à
mes principes , fpécialement au pre-

mier, ou à cette pente invincible qui nous entraîne vers notre bien-être en général.

La variété, l'agrément & l'utilité semblent exiger de moi que j'enrichisse chaque article d'un trait historique tiré de quelque Auteur sacré ou prophane, ancien ou moderne, que je ne manquerai pas de citer.

PARTIE I.

VERTUS ET VICES

DE L'HOMME

A L'ÉGARD DE DIEU.

'OUVRAGE que je préfente aujourd'hui au Public n'eft point un traité des vertus chrétiennes, & des vices qui leur font directement oppofés. C'eft comme Homme & comme Philofophe principalement (fans jamais néanmoins m'écarter du Chriftianifme) que je cherche à connoître l'Homme.

Or en réfléchiffant fur l'origine de

l'Homme, je vois qu'il est obligé aux sentimens les plus vifs de reconnoissance, de respect & d'amour envers l'Auteur de son être. Je conclus 1°. qu'il doit lui rendre un culte, 2°. qu'il doit le lui rendre avec affection, 3°. qu'il doit le lui faire rendre, autant qu'il lui est possible, par tous ceux qui vivent dans l'oubli de leur Créateur.

De-là, la religion, la piété, le zéle.

On péche contre la religion par excès, en donnant dans la superstition ; par défaut, en tombant ou dans l'athéïsme, ou dans le déïsme, ou dans l'oubli de Dieu.

On ne peut pécher par excès contre la piété : *Modus amandi Deum , est eum amare sine modo.* Mais on péche contre cette vertu par défaut, quand on feint de remplir les devoirs que la religion prescrit, ou qu'on ne s'en acquitte qu'avec tiédeur.

L'excès du zèle peut dégénérer en fa‑
natifme : on manque de zèle quand on
eft indifférent, ou indolent fur les in‑
térêts de la gloire de Dieu, ou fur la
vraie félicité du prochain.

CHAPITRE I.

I.

De la Religion.

LA Religion fuppofe la loi, dont
elle eft l'accompliffement ; & la
loi eft une émanation de la raifon. Mais
il y a une raifon par effence univer‑
felle & toute puiffante, qui a fait éclo‑
re du néant la nature corporelle & in‑
tellectuelle, felon l'ordre, les rap‑
ports & la vérité, qui ont été avant
tous les tems intimement préfens à cet‑
te intelligence fans bornes. Voilà la
raifon de Dieu, raifon par excellence,

& dont les décrets peuvent être appellés Loi souveraine. Il y a aussi une raison participée, qui n'est qu'un foible
ruisseau, qu'un léger écoulement de
cet océan immense ; c'est la raison humaine ; (il n'est pas ici question
des autres intelligences créées,) & ce
qu'elle établit se nomme Loi naturelle.

Dans les décrets éternels de Dieu,
il étoit écrit qu'il éxisteroit des créatures intelligentes & libres. Ces créatures ne pouvoient être tirées du néant,
que pour une fin digne de leur auteur.
Elles étoient donc destinées à être heu-
reuses..... Leur félicité devoit être
méritée ; & elle ne pouvoit l'être que
par les sentimens de respect, de reconnoissance & d'amour qui s'exciteroient
en elles. La religion devoit donc faire une partie de leur être, comme elle
étoit une loi de la raison primitive.

Ces créatures ont enfin éxisté. Elles
ont vu la main qui les avoit fait passer

du néant à l'être. Pénétrées de la grandeur de ce bienfait, les premiers inſtans de leur éxiſtence ont dû être des actions de graces ; elles ont dû ſe ſentir tout amour ; & vers quel autre objet pouvoient-elles ſe porter avec ardeur, ſinon vers l'être par eſſence, & en toute plénitude, de qui elles tenoient tout ce qu'elles étoient ? Le premier uſage de leur raiſon a donc dû être la religion, ou, ce qui eſt la même choſe, la religion eſt donc auſſi un précepte de la loi naturelle, & un décret de la raiſon communiquée.

Oui, la raiſon, ſoit incréée ſoit créée, preſcrit une religion, & la religion eſt l'éxécution d'une loi ; c'eſt un culte commandé de vénération, d'amour & d'obéiſſance : & ce culte doit être chez l'Homme à l'égard de Dieu non-ſeulement intérieur, mais encore extérieur. Pratiquer la loi naturelle dans tous ſes points, ce ſeroit avoir une religion

& une très-bonne religion , puifqu'elle prend fa fource dans la loi fouveraine. Mais feroit-ce remplir tous fes
devoirs envers la Divinité ? Oui fi la
Divinité n'eût rien éxigé de plus. Or
a-t-elle éxigé , & qu'a-t-elle pu éxiger
d'avantage ?

Dieu n'a pas feulement pu, mais il
a dû prefcrire à l'Homme (car il ne
s'agit encore un coup que de l'Homme) une manière particulière de l'honorer , lui donner les rits , les cérémonies d'un culte extérieur , lui révéler en
un mot une religion pofitive.

Entre le Créateur & la créature il
y a une diftance autant infinie qu'entre
l'être & le néant : par conféquent le
domaine de Dieu fur l'Homme eft de
tous les domaines éxiftans & poffibles
le plus étendu, le plus fouverain ; & la
dépendance de l'Homme à l'égard de
Dieu eft la plus profonde, la moins li-
mitée qu'on puiffe concevoir. Il faut

donc que l'hommage ou le culte que l'homme doit à Dieu, établisse de la manière la plus entière, pourvu que ce soit sans contradiction, & la souveraineté du Créateur, & la dépendance de la créature.

Or un tel culte ne peut être qu'une religion positive & révélée, dont le parfait accomplissement fasse de tout l'Homme un holocauste perpétuel devant le Seigneur.

Cette dernière vérité ne souffrira aucun doute, après la comparaison faite des deux religions naturelle & révélée par rapport à la dépendance de l'Homme plus ou moins grande, qu'elles établissent.... Nous sommes esprits, cœurs & corps.

Dans la religion naturelle, bien entendue, l'esprit ne peut se souftraire à la lumière des vérités qu'elle propose : nulle contrariété dans ses maximes : tout y est exposé dans la dernière évi-

dence : il faut abſolument conſentir.
On voit clair ; & comme on n'éprouve
aucune répugnance , on ne fait aucun
ſacrifice. On ne ſouſcrit qu'à la raiſon...
Dans une religion révélée l'eſprit ſera
arrêté par des difficultés : il croira appercevoir des contradictions ; il ſera
tenté de former des doutes , de ſuſpen-
dre ſon conſentement. Libre de le refuſer , il le donnera ſans comprendre
les objets de ſa foi : les ſeuls motifs de
crédibilité , qui tout raiſonnables qu'ils
ſont, n'ont pas une évidence mathé-
mathique , le perſuaderont. Il ne ſouſ-
crira qu'à l'autorité. C'eſt alors qu'il
ſera humilié , abbaiſſé , anéanti , &
conſéquemment plus dépendant de l'intelligence ſuprême , que ,s'il n'étoit
qu'éclairé , invinciblement déterminé
& ſoumis ſeulement à lui-même.

Un ſectateur de la ſeule loi naturelle eſt forcé d'avouer qu'il a le cœur
& le corps fort à l'aiſe ; il ſe procure,

autant

autant qu'il peut le faire , toutes les commodités de la vie. Il ne s'interdit aucun des plaifirs permis. Epicurien délicat , il eft peu flatté (& avec raifon) de la quantité des mets , capables d'altérer ou même de déranger entièrement l'économie animale. Mais il lui faut, s'il eft riche, tout ce que la nature produit de meilleur , de plus exquis : encore a-t-il recours à l'art pour le dégré d'affaifonnement précis , & tel qu'il puiffe fatisfaire fa fenfualité fans intéreffer fa fanté. L'excès du vin lui fait horreur : en cela je le loue ; mais les terroirs les plus renommés ne fourniffent point de nectar dont il n'a-chéte la mère-goutte à quelque prix que ce foit. Je me tais fur fon fyftême dans fes amours : rien n'eft mieux pro-jetté , plus fagement ménagé , plus prudemment varié , plus délicieufement goûté : aucune attitude gênante n'eft chez lui la marque extérieure de l'hom.

D

mage qu'il rend à Dieu. Il se contente
& se félicite de certains mouvemens
de reconnoissance, qui bien analisés ne
seroient, je crois, que des desirs d'u-
ne vraie cupidité.... Une religion
révélée au contraire pourra exiger de
l'Homme le renoncement à lui-même,
la circoncision du cœur, la macération
du corps; lui défendra la jouissance
des plaisirs même licites, ne lui en per-
mettra que l'usage : & quel usage en-
coré ? le plus modéré, le moins étendu, & qui ne fasse que subvenir aux
besoins absolus, loin d'y pourvoir
abondamment, ou souvent même d'y
suffire. Elle ne cessera de lui crier
(dans la circonstance actuelle de la
nature tombée) que l'Homme pécheur & criminel n'a plus aux délices
de la vie les droits que le Créateur
avoit accordés à l'Homme pur & innocent : qu'il ne lui reste qu'à implorer la clémence de son Dieu dans la

posture la plus humble, dans l'anéantissement le plus profond, la face contre terre, les yeux baignés de larmes,
la voix entre-coupée de soupirs.

Qu'on décide maintenant dans laquelle des deux religions, naturelle ou
révélée, l'Homme se trouve plus immédiatement, plus dépendamment sous
la main toute-puissante du Très-Haut.
Dans la première, il immole tout à ses
desirs : dans la seconde, il doit sacri-
fier ses desirs en tout. La révélation
d'une religion positive est donc une
suite nécessaire du souverain domaine
de Dieu sur l'Homme, & de la dépendance illimitée où l'Homme doit
être à l'égard de son Créateur.

La preuve que je viens d'apporter
suppose dans l'Homme, comme je l'ai
insinué d'abord, la nécessité d'une dépendance qui ne soit point contradictoire à la raison souveraine ; & celui-là
seroit fort mauvais logicien, qui in-

féreroit de mon raiſonnement que
Dieu, ſelon moi, devroit révéler à
l'Homme une religion pleine d'abſurdités & de contradictions, parce qu'a-
lors le ſacrifice que l'Homme feroit de
ſa raiſon étant le plus grand de tous,
il dépendroit encore plus de Dieu,
que dans la ſuppoſition d'une religion
qui ne lui propoſeroit que des myſtères
ou obſcurités à reſpecter, & non des
impoſſibilités à croire. Or il n'y a certainement aucune contradiction ni dans
la religion révélée, telle que je l'ai
décrite, ni dans la dépendance où elle met l'Homme à l'égard de Dieu.

Mais ne nous en tenons pas ſeulement à cette première démonſtration.

Lorſque j'ai dit que la loi naturelle
étoit certaine, évidente & invariable,
j'ai ſuppoſé qu'elle fût bien entendue
dans tous ſes points. Or depuis la chute d'Adam, le texte de cette loi a
ſouffert bien des commentaires. La

contagion du péché a formé un épais nuage qui nous a dérobé les plus purs rayons de ce soleil éclatant. Il ne nous en est resté qu'une foible lueur, & croyant suivre le vrai chemin qu'elle nous avoit d'abord fait appercevoir, dans combien de fausses routes ne sommes-nous pas rentrés ? Il est vrai que la plûpart des hommes ont toujours été d'accord sur les principes les plus généraux de cette loi primitive ; mais que de sentimens différens quand il a été question d'en faire l'application !

Voici un précepte de la loi naturelle le plus universellement reçu : *Ne faites à personne ce que vous ne voudriez pas qu'on vous fît.* Les Juifs en concluoient assez mal : faites le mal qu'on vous fait : rendez œil pour œil, dent pour dent. Les Chrétiens au contraire en tirent cette conséquence bien plus juste : ne rendez pas le mal pour le mal, puisque vous ne voudriez pas, si vous aviez

eu le malheur de bleſſer quelqu'un dans
ſa perſonne, dans ſon honneur ou dans
ſes biens, qu'il uſât de repreſailles envers vous. La nature nous dit de réparer les torts que nous avons faits, de
ſouffrir patiemment ceux qu'on pourroit nous faire, s'il ne dépend pas de
nous de les empêcher : mais elle nous
crie au fond du cœur de prévenir autant qu'il nous ſera poſſible tout ce qui
tendroit à notre mal - être... *Femmes,
aimez vos maris : maris, aimez vos femmes*; voilà un autre principe de la raiſon participée. Certains peuples In-
diens en infèrent qu'il faut que les femmes, après la mort de leurs maris, ſe
jettent toutes vives dans le bucher ; &
elles ne peuvent leur ſurvivre ſans ſe
déshonorer. Les maris ne ſe ſont point
impoſé une loi ſi rigoureuſe: mais quel
a pu être le fondement de l'interpré-
tation qu'ils ont donnée à la nature en
leur faveur? Leur honneur étoit-il d'un

tempérament plus vivace que celui des femmes ? Quoiqu'il en foit, il n'y a qu'eux qui ayent étendu le précepte de l'amour conjugal jufqu'à mourir avec fa moitié : encore en ont-ils reftraint l'obligation aux femmes. Chez toutes les autres Nations on croit avoir tout fait, quand on a réfolu de vivre en-femble jufqu'à la mort de l'un des deux époux & qu'on tient parole.

La nature dicte à un Hottentot d'ai-mer celui dont il a reçu le jour : & les fils de ce pays là s'imaginent prouver leur amour envers leurs pères, en les égorgeant lorfqu'ils ne peuvent plus, à caufe de leur extrême vieilleffe, fe traî-ner hors de leurs cabanes. La pureté d'intention ne juftifieroit pas ailleurs un pareil procédé. Mais chez les Euro-péens, chez les François, à Paris mê-me, & parmi les hommes les plus let-trés, & qui fe donnent pour les plus

honnêtes gens du monde, croiroit-on
que cette propofition, un fils doit de
la reconnoiſſance à ſon père, fût équi-
voque ? Elle a pourtant paru telle au
célébre Kolkodes : & voici ſa diſtinction : oui, lorſque le père a donné à
ſon fils toute l'éducation convenable
& proportionnée à ſon nom, à ſon
rang, à ſes facultés : non, ſi dans le
père on n'enviſage que le titre de père.
Mais toute ſon éloquence n'a jamais
pu convaincre Patrophile, qu'il n'étoit
pas plus obligé à ſon père de la naiſ-
ſance qu'il en avoit reçue, que de tout
le champagne que ce même père avoit
bu, ou de tous les menuets qu'il avoit
bien voulu danſer. Le texte de la loi
naturelle n'eſt donc pas entendu de la
même manière par tous les hommes.
Chaque peuple l'interprétera donc comme il voudra, lorſqu'il s'agira de rendre hommage à Dieu : il pourra donc

y avoir des cultes contradictoirement
oppofés : ce qui eft également contraire à l'unité, à la vérité & à la bonté
du Tout-puiffant. Par conféquent il a
été néceffaire que Dieu établît une religion, qui en fixant le vrai fens des
principes de la loi naturelle, en déterminant l'application jufte & précife de
ces principes, en y ajoûtant ce qu'il
plairoit au Créateur, prefcrivît la forme du culte dont il vouloit être ho-
noré. Ce font les ténébres de l'ignorance, & l'orage des paffions qui em-
pêchent l'homme d'entendre toujours
diftinctement la voix de la raifon. Je
fuppofe dans ce dernier raifonnement
(ce qui eft auffi) que c'eft depuis la prévarication d'Adam que nous fommes
aveugles fur le bien & précipités vers
le mal. On ne gagneroit rien à me nier
cette fuppofition, puifque, forcé de
convenir de l'effet, quelle qu'en ait été

la caufe, foit la création même, foit
une punition méritée, on n'eſt pas
moins obligé d'en admettre les ſuites
néceſſaires. Mais je dis plus : dans quelque état d'innocence & de perfection
que l'homme eût été créé, ſes lumières
n'auroient jamais pû être limitées : ce
qui me ſuffit pour conclure qu'il eût
pû ſouvent ſe tromper ſur l'application
& l'uſage de ces mêmes lumières. Adam
n'en eſt-il pas la preuve ? Ainſi je vois
l'inſuffiſance de la loi de nature, quelque bonne qu'elle ſoit en elle-même.

Ne m'objectez pas que malgré l'ignorance & les paſſions de l'homme, il ne
peut jamais perdre entièrement toute
notion du bien & du mal moral, &
qu'ainſi la loi naturelle eſt toujours la
même pour tous les hommes. Car 1°.
combien y a-t-il d'impies & de ſcélé-
rats, qui à force de ſe dire que la vertu & le vice ne ſont que des mots vui-

des de sens, viendront peut-être bientôt à se le persuader ? 2°. J'accorde volontiers que ces premières notions frapantes & lumineuses ne peuvent pas s'effacer totalement de l'esprit de l'homme. Mais je soutiens que l'aveuglement, les préjugés, la corruption du cœur, leur en font faire des applications opposées & qui se détruisent.

Est-il possible, me demandera-t-on, de trouver un seul homme qui comprenne parfaitement tous les préceptes de la loi naturelle, qui ne se trompe point dans l'application qu'il en doit faire, & qui ne cesse de les accomplir exactement & en toute rigueur ?

S'il est possible, il est certainement très-difficile de rencontrer un tel prodige. Au reste, que prétendroit-on inférer de son éxistence ? que la loi naturelle suffiroit à celui qui en seroit l'observateur scrupuleux & perpétuel ?

St. Thomas paroît en douter fort, du moins dans la circonstance de la nature tombée; puisqu'il dit que Dieu enverroit à un tel homme un Ange, pour l'instruire de la Religion Chrétienne. Mais dans tout état par rapport à l'homme, ou d'innocence ou de prévarication, on ne peut raisonnablement conclure, je ne dis pas du particulier, mais du singulier même, & d'un singulier si miraculeux, contre la nécessité & l'immutabilité de certains décrets de Dieu à l'égard de tout le genre humain. La révélation d'une religion positive a donc été à plusieurs titres absolument nécessaire. Mais où est-elle cette religion ? Je vois différens cultes parmi les hommes, un seul est vrai ; un seul est révélé ; de-là l'examen. Toutes les religions du monde se réduisent à quatre principales, qui sont l'Idolâtrie, le Judaïsme, le Mahométisme

hométifme & le Chriftianifme. Je réfléchis, & l'Idolâtrie me paroît d'abord
l'aveuglement le plus funefte; dans le
Mahométifme, je n'apperçois qu'un
mélange monftrueux de la religion de
Moyfe, de celle de J. C. & des rêve-
ries de Mahomet, dèflors je le rejette.
Je me trouve pour un tems partagé &
incertain entre le Judaïfme & le Chriftianifme. Mais en méditant les livres
de la Loi Mofaïque, cette même Loi
ne s'annonce à moi que comme la figure d'un culte bien plus élevé, plus
noble, plus divin : mon facerdoce,
me dit-elle, ne doit durer qu'un tems :
Dieu doit en établir un dans l'éternité
des fiécles : je ne fuis que la lettre de
l'efprit, l'ombre de la réalité. J'ouvre
enfuite les livres de la loi nouvelle, &
j'y trouve ce culte fupérieur, ce facerdoce éternel, cet efprit, cette réalité,
annoncés dans la Loi Judaïque : je

E

m'arrête fur la comparaifon des anciennes prophéties & des événemens
poftérieurs ; j'y découvre un rapport
entier, fixé, détaillé. J'examine avec
attention les preuves de la Divinité de
J. C., la fainteté de fa morale, fes
miracles, fa réfurrection, en un mot
toutes celles qui militent pour la vérité de fa religion ; & de leur enfemble
je vois qu'il réfulte pour tout efprit rai-
fonnable, une démonftration à laquelle il ne peut fe refufer. Une fois
Chrétien, je fuis bien-tôt Catholique,
& je jouis alors du bonheur ineffable
d'être dans le fein de la feule vraie religion, & de rendre à l'Auteur de mon
être l'unique hommage qu'il éxige de
l'Homme.

ELÉAZAR.

Ce faint vieillard nous a laiffé un
bel exemple d'un attachement inviola-

ble à la véritable religion. Antiochus voulut obliger les Juifs d'embrasser le culte des faux Dieux. Ceux qui étoient chargés de ses ordres, firent tout ce qu'ils purent pour obliger Eléazar de manger de la chair de por... Mais il préféra le dernier supplice à la transgression de la loi de ses pères ; & comme ses amis, touchés d'une fausse compassion pour sa vieillesse, l'engagèrent à feindre du moins d'obéir à l'ordre d'Antiochus, il leur fit cette généreuse réponse : *Toute dissimulation est indigne de mon âge. Voulez-vous que les jeunes gens croyent qu'Eléazar dans sa quatre-vingt-dixiéme année ait suivi la manière de vivre des étrangers ; qu'une feinte honteuse de ma part les séduise, dans la vue de conserver un court espace d'une vie périssable ; & qu'ainsi je souille ma vieillesse, & la rende en exécration à tout le monde ? Car, quand je me déroberois à présent à* la tyrannie des hommes, pourrai-je me fouftraire, vif ou mort, à la vengeance du Tout-Puiffant? Je quitterai donc courageufement cette vie, & je paroîtrai digne d'être parvenu à une vieilleffe fi avancée. D'ailleurs je laifferai aux jeunes gens un éxemple de magnanimité, fi je fouffre avec joie une mort honorable pour nos loix faintes & refpectables. A peine eut-il prononcé ces paroles, qu'il fut auffi-tôt conduit au fupplice. *Machab. Liv. 2.*

II.

De la Superftition.

La Superftition eft une fauffe manière d'honorer la Divinité : c'eft un culte ou contradictoire à la véritable idée de Dieu, ou fcrupuleux & mal entendu, dans l'exercice même de la vraie religion.

L'Idolâtrie & le Polythéifme font une efpéce de fuperftition dans le pre-

mier fens. Les peuples malgré la violence des paffions n'ont pu étouffer en
eux la conviction de l'éxiftence d'un
Etre fuprême, à qui ils devoient un
culte ; mais ils ont tellement défiguré
l'idée innée qu'ils en avoient, que fe
laiffant pour la plûpart emporter à mille préventions du Cœur, ils ont mis
la Divinité par tout où elle n'étoit pas,
& dans un aveuglement fi funefte, lui
ont rendu des hommages capables
d'allumer la colère du Dieu jaloux de
fa gloire, bien loin qu'ils fuffent dignes
de l'honorer. Ce fut alors qu'on vit
naître parmi eux cette foule innom-
brable de Dieux, ouvrages de leurs
mains auxquels ils facrifioient quelquefois jufqu'à leurs enfans, efpérant par
là fe les rendre favorables. Toujours
guidés par le defir d'être heureux, ils
divinifoient tout ce qui paroiffoit pouvoir contribuer à leur félicité. De-là

les Cerès, les Bacchus, les Comus, les les Hebés, les Flores, les Pomones, les Cibeles, les Jupiters, les Venus, les Esculapes, & tant de demi Dieux & Déesses des bois, des montagnes, des fleuves, des fontaines & de l'océan connus sous les noms de Faunes, Sylvains; Oréades, Hamadriades; Nymphes, Néréides, &c. Ils ont même été jusqu'à regarder comme une Divinité tout ce qui pouvoit nuire; & ils ont brûlé de l'encens sur les autels de la peste, de la fiévre, de Mars & de la discorde, afin d'écarter les maux qui les menaçoient, ou pour implorer leur secours dans les desseins pernicieux qu'ils formoient.

Quelques Mithologistes prétendent que les Gentils n'étoient point Polythéistes, & que ce n'étoient que les différens attributs d'un seul & même Dieu qu'ils révéroient sous autant de noms particuliers : Ils appuyent leur sentiment sur ce que les Païens reconnoissoient un Destin, unique & souverain maître de tous les autres Dieux, sur la prééminence de Jupiter, & sur la multitude de ses divers surnoms. Mais sans nous arrêter à réfuter cette opinion, & à faire voir combien peu elle porte sur ses fondemens prétendus, j'observerai seulement que les Païens érigeoient des temples en l'honneur de Divinités si contradictoirement opposées en nature, que si ce n'eût été que de simples attributs, ils n'auroient pû l'être d'un seul & même Dieu. Ainsi Minerve & Priape, Vesta & Venus, ont été des Divinités aussi distinctes que leurs fonctions, fêtes & cérémonies étoient incompatibles.

Le Manichéisme peut se rapporter au Polythéisme. Selon Manés & ses sectateurs il y avoit deux principes, l'un

du bien, l'autre du mal, également
absolus & indépendans.

L'Idolâtrie & la pluralité des Dieux
subsistent encore aujourd'hui dans l'O-
rient, & sur-tout chez certains peuples
d'Afrique. On sçait ce que c'est que les
fétiches auxquels ils offrent leurs vœux,
leurs prières, & sacrifient même des vic-
times humaines. Un caillou, un os de
mort, une paille, un vieux morceau de
linge, en un mot ce qui se rencontre
sous leurs mains, ils le divinisent ; &
c'est avec beaucoup de cérémonies. Il
faut se retirer sur le haut d'une mon-
tagne, ou dans le fond d'un bois ; &
là jeûner, prier & veiller pendant sept
à huit jours, & tourner à certaines heures du jour, & un certain nombre de
fois autour du Dieu futur. Le tems de
l'apothéose fini, on met le fétiche dans
une fente de rocher, ou on le suspend
à une branche d'arbre ; & voilà le gé-

nie tutélaire de la maison, l'objet du culte de toute une famille ; & il n'en est aucune qui ne soit dans l'obligation d'avoir un fétiche particulier. Je ne parle point du culte général que tout le monde indistinctement rend à de certains serpens dont le pays abonde, qui ne font aucun mal, & qui sont si familiers qu'ils entrent dans les cabanes, mangent & dorment avec les habitans. Ce sont les grands fétiches ou les Dieux majeurs de ces Nations ; & quiconque en blesseroit un, seroit incontinent mis à mort. Il n'est donc que trop vrai que l'Idolâtrie & le Polythéisme sont un genre de superstition qui a éxisté presque de tout tems.

Mais comme ce n'est point avoir de religion que de ne pas adorer le seul & vrai Dieu, & que je me suis proposé dans cet article de parler du vice

par excès contre la religion, paſſons
à une ſorte de ſuperſtition moins
odieuſe & moins condamnable à la vérité, quoique repréhenſible & funeſte
à plus d'un titre. Remplir éxactement
les devoirs preſcrits par le Créateur,
méditer attentivement la loi, deſcendre en ſoi-même & ſonder les replis
de ſon Cœur pour en bannir tout motif qui pourroit altérer la pureté de
ſon hommage, tâcher de détruire en
ſoi ce qui ſeroit capable de détourner du
chemin du ſalut, enfin ne rien omettre
de tout ce qui appartient au vrai culte de
la Divinité : voilà ce que j'appelle être
véritablement religieux. Mais 1°. avoir
la conſcience continuellement allarmée,
agitée de troubles violens, quoiqu'on
ne ceſſe pas d'agir conformément à la
loi, & avec une intention pure ; c'eſt
un ſcrupule injurieux à Dieu, & qui
nous fait perdre la confiance en lui

Seigneur , difoit autrefois un grand Saint , puifque je fuis dévoué à l'enfer , & deftiné à vous haïr pendant l'éterni- té , je veux du moins vous aimer de toute mon ame pendant le tems. C'eft là fans doute l'acte d'amour le plus hé- roïque. Mais il n'y avoit que la force de la tentation qui pût rendre excufable fon peu de confiance en la miféricorde Divine... Défefpérer de fon falut , lorf- qu'on cherche Dieu dans la droiture & dans la plénitude du Cœur , c'eft blafphémer la Providence d'un Créa- teur , la ljuftice d'un maître , la bonté d'un père , la tendreffe d'un époux.

2°. S'attacher à la lettre de la loi , & en négliger l'efprit , comme a fait Origene qui fe dépouilla de l'humani- té , par la crainte qu'elle ne le préci- pitât dans le péché , c'eft s'expofer à tomber dans mille erreurs. L'obferva- tion de la lettre peut quelquefois être

bonne, mais elle n'eſt jamais ſuffiſante
& ſeroit ſouvent dangéreuſe.

Il n'eſt pas permis aux Juifs d'écrire
ou de prononcer le nom ineffable de
Dieu ïehowah ; auſſi ont-ils toujours
été pénétrés de reſpect pour ce nom
adorable. On ſçait que les lettres de
l'alphabeth leur ſervent de chiffres ;
& comme le nombre 15 exprimé par
10 & 5 feroit ïah, autre nom de
Dieu abrégé de ïehowah, ils écrivent
9 & 6 & non 10 & 5 pour ne point
faire ſervir le nom du Seigneur à des
uſages prophanes. Je les loue en cela,
& ne crains point qu'on m'accuſe de ju-
daïſer.... Leurs ablutions, leurs cérémonies légales, l'abſtinence des viandes
prohibées par la loi Moſaique, tout cela
étoit néceſſaire lorſque cette loi étoit en
vigueur : mais ce n'étoit pas aſſez. Dieu
dans ce tems là comme à préſent deman-
doit l'hommage du Cœur ; & combien

peu le lui rendoient d'une manière qui
lui fût agréable? Les Juifs en général
ont toujours été un peuple charnel &
animal, ne demandant que la rofée
du ciel & la graiffe de la terre, con-
tent des bénédictions temporelles, un
peuple en un mot qui ne va point au-
delà de l'écorce, qui ne perce point
l'ombre, qui s'en tient à la groffièreté
des figures, fans s'élever jufqu'à la réalité de l'efprit; mais il y a plus que de
l'infuffifance dans l'obfervation de la
lettre, & il y a fouvent du danger.
Origene n'en eft pas la feule preuve;
& pour dire encore un mot des Juifs,
il eft écrit dans leur loi : Vous n'exer-
cerez point l'ufure envers votre frère.
Ils ne font point en effet ufuriers les
uns à l'égard des autres; mais à l'égard
des étrangers, à quel taux ne le font-
ils pas? N'eft-ce pas là une interpré-
tation bien pernicieufe de la lettre?

Quelle confusion, quel désordre ne régneroit-il pas dans tout l'univers chrétien, si prenant à la lettre certains passages de la loi de J. C., & confondant les conseils avec les préceptes évangéliques, chacun indistinctement vendoit tous ses biens, en distribuant l'argent aux pauvres, se retiroit dans la solitude & renonçoit à toutes les affaires du monde, pour ne s'occuper que de celle de son salut? Que deviendroient alors les peuples, n'ayant plus de Magistrats pour leur rendre la justice: les mères de famille n'ayant plus d'époux qui fournissent à leurs besoins: les enfans se trouvant sans pères qui prissent soin de leur éducation & de leur établissement? Que deviendroit le Christianisme même, si ceux qui le professent n'étoient plus que des anachoretes sans société, sans commerce entr'eux: si les Chrétiens en un mot ne formoient plus qu'une communion de superstitieux ?

3°. Mais de quel nom appeller tant de personnes, & de différentes nations, qui par l'observation scrupuleuse de certaines pratiques extérieures s'imaginent racheter les crimes les plus affreux ? Tel à Madrid récite son chapelet au coin d'une rue, en attendant que son ennemi passe, & qu'il puisse lui enfoncer le poignard dans le sein. Tel à Paris ne quitte jamais ni le scapulaire, ni ses débauches, se persuadant que Marie lui obtiendra miraculeusement à l'heure de la mort la grace de sa conversion. Est-il un aveuglement plus funeste ? Combien voit-on de gens qui prient, jeûnent, font dire des messes pour l'éxécution de leurs mauvais desseins, ou à qui il n'est pas possible de lever le scrupule honteux qui les pousse à perdre leurs ennemis,

parce que la vengeance aura été jurée
& scéllée par le vœu ou par le serment!
Il n'y a certainement point de superstition plus déraisonnable.

4°. Je ne dirai qu'un mot de la superstition de ces bonnes gens, pour qui
le rare & le merveilleux de la chose
est un puissant motif de crédibilité. Elle est un défaut de l'esprit plûtôt qu'un
vice du Cœur. Dieu peut tout : donc
il n'est pas permis de douter de la vérité d'un tel fait qu'on nous donne
pour miraculeux. Mauvaise conféquence, que tirent cependant un nombre
infini de personnes, qu'il seroit inutile & souvent très-dangereux de vouloir éclairer sur l'abus qu'ils font de
leur raison & de leur foi. De-là les
contradictions qu'éprouvent quelquefois, & même sans fruit, de sages Pré-
lats, lorsqu'ils veulent anéantir d'anciens usages dans l'exercice de la re-

ligion , contraires à la sainteté du Chriſtianiſme & à l'innocence des mœurs civiles. Je paſſe ſous ſilence tant de légendes & d'hiſtoires apocriphes dont on a dans ces derniers tems élagué la vie des Saints , & auxquelles bien des gens ajoûtent encore la mê-me foi qu'à l'Evangile même.) Au reſte plus d'une communauté , plus d'un village ſont intéreſſés à les entretenir dans leur pieuſe crédulité.) La foi ſuffit, dira-t-on. La réponſe à cette objection eſt facile. Je ne condamne pas la foi des ſimples , mais ſeulement l'abus qu'ils en font. La véritable religion a aſſez de miracles inconteſtables dans les actions de J. C. & dans la vie de ſes Apôtres & de ſes Martyrs , pour prouver les vérités qu'elle contient , ſans qu'il ſoit beſoin d'en aller puiſer de faux & de ſuppoſés dans le ſein de la ſuperſtition. Dieu n'exige de l'homme qu'une foi raisonnable, & il ne peut recompenser une foi erronnée. La superstition s'étoit glissée dans le Christianisme dès sa naissance. Plusieurs évangiles chimériques n'ont-ils pas été crus & respectés par les premiers fidéles jusqu'au Concile de †

dans lequel l'Eglise a séparé par le glaive de l'infaillibilité la vérité d'avec le mensonge, & la religion d'avec son vain fantôme ?

Lorsque je blâme une crédulité superstitieuse, je n'en déteste pas moins cette prétendue force d'esprit, qui ne veut rien croire de tout ce que la raison ne peut comprendre. Les Rationalistes auroient bien tort d'accuser les Chrétiens du vice contre lequel je m'éléve ici. Nous ne connoissons pas, il est vrai, le comment de nos mystères : mais notre ignorance ne peut être un motif d'incrédulité. Concevons-nous

clairement les fecrets refforts de la nature , les premières caufes de tant d'effets furprenans ? On ne peut cependant
en nier l'éxiftence. Ne pas voir n'eft
donc pas une raifon pour ne pas croire , fur-tout quand c'eft Dieu même
qui nous propofe à croire ce que nous
ne voyons pas ; la toute-puiffance Divine étant infiniment au-deffus de l'intelligence humaine. Mais parlons à des
Chrétiens , & difons leur que celui-là
raifonneroit très- mal , qui concluroit
de la fauffeté de tel prétendu miracle ,
que tel autre fait cru miraculeux n'eft
auffi qu'un preftige ; ceci n'a pas befoin
de preuve. Sans doute il eft de la bonté
de Dieu de foutenir & d'augmenter , par
quelques nouveaux prodiges opérés de
tems en tems , la foi de fes ferviteurs ,
dans l'efprit defquels l'éloignement des
fiécles heureux, & féconds en merveilles,
de la naiffance & de la propagation du

Chriſtianiſme, l'étalage pompeux que l'incrédulité fait, & ſur-tout à-préſent, d'une érudition plus recherchée que ſolide, & quelquefois d'une probité moins véritable que faſtueuſe, enfin les paſſions du Cœur vivement portées à l'indépendance & aux plaiſirs que la loi de J. C. condamne, pourroient jetter un germe de doute, dont il ſeroit à craindre que l'apoſtaſie ne tardât pas à éclorre.

Le Purgatoire de Saint Patrice.

Il y a une petite Iſle dans le lac d'Erne, au comté de Dunegal ou Tireonnel, dans la province d'Ultonie en Irlande, où j'ai été. On voit dans cette Iſle, fort près d'un petit monaſtère, une voute très-étroite, à laquelle les Proteſtans ont donné le nom *de St. Patrice.* Les gens du pays croyent que ce Saint, qu'ils honorent comme leur Apôtre,

obtint de Dieu par ſes ardentes prières, que les peines & les tourmens
de l'enfer que ſouffrent les impies, fuſ-
ſent mis en cet endroit là devant les
yeux des habitans qui étoient encore
païens, afin que ſaiſis d'une ſainte
horreur ils ſe convertiſſent promptement & ſincèrement. Dans cette per-
ſuaſion beaucoup de perſonnes, même
encore aujourd'hui, vont dans un eſprit de dévotion au monaſtère; s'y
confeſſent, y communient, entrent en-
ſuite dans la caverne, y reſtent 24
heures ſans lumière; & lorſqu'ils en
ſortent, ils prennent pour autant de
révélations les vains fantômes que les
ténébres & les circonſtances du lieu
ont repréſentés à leur imagination frap-
pée. Le comble de la ſuperſtition, c'eſt
que pluſieurs ſe perſuadent qu'ils ſeront exempts du purgatoire de l'autre
vie, après avoir paſſé par celui de St.

Patrice. Plufieurs Auteurs ont raporté à
ce fujet nombre de fables qui ne méri-
tent pas d'être réfutées. *Voy. Cambden.
Brit.*

III.

De l'Athéifme.

Douter effectivement s'il éxifte un
Dieu auteur du monde, c'eft n'appercevoir ni fa propre éxiftence, ni
celle du monde même, ou c'eft révoquer en doute la vérité la plus frap-
pante & la plus lumineufe, qu'il n'eft
point d'effet fans caufe, c'eft en un
mot être bien aveuglé, mais ce n'eft
pas tomber dans l'athéifme proprement dit.

Tenir pour fauffe la notion qu'on
a de Dieu, comme d'un Etre auteur
de l'univers, & par conféquent infini
en perfections, ou n'admettre qu'un
Dieu impoffible & contradictoire, c'eft

être véritablement Athée : c'est donner dans la dernière des folies, ou pour mieux dire, des fureurs : c'est se déclarer l'ennemi de tout le genre humain, & par conséquent mériter de droit naturel d'en être puni rigoureusement. Détaillons & prouvons.

Comme il n'y a point de différence entre ne reconnoître aucune divinité, & en admettre une chimérique, l'Epicurien & le Spinosiste nous paroissent également coupables d'athéisme.

Epicure nie hautement l'éxistence d'une première cause. Le monde selon lui n'est qu'un composé d'atômes éternels, & de différentes figures, qui voltigeant au hazard dans des espaces infinis, après une infinité de combinaisons, se sont enfin rencontrés, accrochés, entassés les uns sur les autres, & ont produit ce tout magni-

fique , l'une de leurs combinaisons poffibles. Mais je demande à Epicure fi
pendant cette éternité antérieure il
y a eu en effet une infinité de combinaisons de ces atômes ? L'affirma-
tive eft une contradiction palpable ;
car l'infini n'a point de bornes , &
cependant la combinaison actuelle a
été la dernière de toutes : Et pourquoi la dernière ? Je ne crois pas
qu'on en puiffe apporter quelque raifon. D'ailleurs l'infini ne peut croî-
tre ; & néanmoins ce nombre de combinaifons prétendu infini augmente à
chaque inftant du jour par toutes les
métamorphofes de la nature , par le
mouvement continuel fenfible & in-
fenfible qui eft l'ame de tous les
corps , & qui caufe fans ceffe entr'eux
une diverfité de fituations refpectives.
La négative ne répugne pas moins.
Si les combinaifons ont été en nom-

bre

bre fini, celui des inftans où elles fe font faites eft donc auffi fini. Il peut donc s'épuifer. Mais je n'arriverai jamais à un premier terme de cette éternité antérieure ; autrement elle ne feroit plus éternité , comme le fuppofe Epicure , & comme il a dû le fuppofer. Car fi les atômes ne font pas éternels, il y a donc eu un inftant où ils ont été dans le néant. Ils n'ont donc jamais pu recevoir l'éxiftence , ni d'une caufe première qu'Epicure ne veut pas reconnoître , ni d'eux - mêmes , étant de toute impoffibilité que le rien foit la caufe de l'être. Au refte, dans la fuppofition que le nombre des combinaifons foit fini , pourquoi celle qui conftitue l'univers eft - elle arrivée fi - tôt , ou fi l'on veut fi tard ? Siftême abfurde & extravagant. Si le concours fortuit des atômes a pu former le monde entier, dit Ciceron, dans fon Traité de la nature des Dieux, que ne forme-t-il à-préfent un temple, un portique, une maifon, qui font bien plus aifés à faire ?

Spinofa prétend que le monde eft éternel. L'éternité du monde eft-elle poffible ? On foutient dans les écoles le oui, & le non ; ainfi, quoique je penche fortement pour la négative, je ne veux point m'arroger le droit de décider la queftion. Quand le monde feroit éternel, il n'en feroit pas moins l'effet d'une caufe néceffaire & diftinguée de lui-même. Spinofa le regarde comme une fubftance unique, étendue & penfante, dont tous les corps & tous les efprits ne font que les modifications relatives à ces deux attributs, l'étendue & la penfée, confentrés dans l'unité de cette même fubftance, qui eft la feule divinité qu'il

reconnoisse. Mais 1°. l'étendue & la
pensée sont d'une nature si opposée,
qu'elles ne peuvent être reçues ensemble dans un sujet commun. Par
conséquent, puisque Spinosa admet
& distingue vraiment ces deux attributs, il devroit conclure naturellement contre l'unité de substance dans
l'univers.

2°. Spinosa confond par-tout les
genres, les espéces, les individus.
Les espéces appartiennent bien aux
genres, & les individus aux espéces. Le
tilleul, le chêne, le prunier, l'abrico-
tier, l'amandier, &c. sont arbres.
Pierre, Paul, Jacques, Jean, Phi-
lippe, &c. sont hommes. Mais cela
n'empêche pas que tout ce qui éxiste
en soi-même n'ait une éxistence sin-
gulière, numérique & détachée de
toute autre, ce qui constitue la substance. Le tilleul n'éxiste pas par l'é-

xiſtence du chêne, ni Pierre par celle de Paul ; puiſque celui - ci mort ,
l'autre peut encore jouir de la vie, &
que je puis abbatre le chêne, & con-
ſerver le tilleul, &c. Ce ſont donc
autant de ſubſtances ou ſpécifiquement,
ou numériquement diſtinguées.

3°. Quel monſtre ſeroit - ce que le
Dieu de Spinoſa ? Un Dieu aveugle,
néceſſité en tout, purement paſſif, entant que matériellement étendu ; &
en même tems éclairé, libre, agiſ-
ſant, entant qu'intelligent, délibé-
rant & ſe déterminant : un Dieu qui
commettroit à Conſtantinople des vols,
des aſſaſſinats, des inceſtes, dans le
même inſtant qu'il les puniroit à Paris : un Dieu qui nageroit ici dans
la joie & les plaiſirs, & qui ſeroit
plongé ailleurs dans la triſteſſe & l'a-
mertume : un Dieu qui naîtroit &
mourroit dans la même minute ; qui

d'un côté formeroit les plus belles es-
pérances de fortune, & de l'autre se
pendroit de désespoir : un Dieu enfin
qui réuniroit en lui le bonheur & le
malheur, le mouvement & le repos,
le vice & la vertu, en un mot tous
les accidens & tous les contrastes que
nous remarquons dans les différentes parties de cet univers. Or admettre un tel Dieu, n'est - ce pas faire
pis encore que de n'en admettre aucun ? Oui, sans doute : le spinosis-
me n'est pas moins injurieux à la divinité que le polythéisme : & tous
deux le sont encore plus que le véritable athéisme. J'aimerois mieux,
dit Plutarque dans son ouvrage sur la
superstition, qu'on ne crût pas mon
existence, que de passer pour un scélérat. Où est la femme qui ne préférât
à la réputation d'une prostituée la sécurité d'une vie inconnue à tout le

F iij

monde! Il feroit plus avantageux de n'avoir jamais poſſédé de dignités , que de ſe les voir enlever ignominieuſement. Oui , la calomnie & l'impoſture ſont une offenſe bien plus griéve que le ſilence & l'oubli.

4°. Mais quand je paſſerois à Spinoſa qu'il n'y a dans l'univers qu'une ſubſtance , & qu'elle eſt le ſujet commun de toutes les contradictions imaginables , je le prierois de me dire ſi elle eſt néceſſaire ou contingente ; c'eſt-à-dire , ſi elle éxiſte d'elle-même , ou ſi elle a reçu l'éxiſtence de quelque autre. Il ne pourroit avouer qu'elle eſt contingente , ſans détruire ſon ſiſtême ; & moi je ne vois qu'une entière impoſſibilité dans la néceſſité abſolue d'une collection de modifications toutes évidemment contingentes , & que Spinoſa même reconnoît être telles.

La matière être néceſſaire , indé-

pendante, infinie ; le tout & fes parties, avoir dans leur feule effence, &
non hors de la chofe même, la raifon
& la caufe efficiente de leur éxiftence ; le monde être éternel, les miracles impoffibles, point de liberté ;
une fatalité aveugle régner fur tout :
voilà donc les abfurdités qui fuivent
de l'athéifme. Mais pourquoi les
athées ont-ils tout donné à l'étendue,
& refufé tout à la penfée ? Quoi l'é-
ternité, l'indépendance, la néceffité,
l'infinité ne répugnent pas felon eux
avec la matière, & ces mêmes attributs répugneront avec l'intelligence !
C'eft là ce qu'on appelle contredire
les notions les plus évidentes : être
diamétralement oppofé aux principes
les plus inconteftables. L'athée, foit
épicurien foit fpinofifte, peut donc
être accufé à bon droit d'extravagan-
ce : j'ajoûte, & de fureur.

En effet l'athéifme renverfe les fon‑
demens de la morale, & de la religion.

5°. L'athée ne peut à la vérité étouf‑
fer les idées innées qu'il a du bien &
du mal moral, de l'ordre & de fon
contraire, un fentiment vif & diftinct
de ce qui eft jufte & de ce qui ne
l'eft pas, une eftime décidée pour la
vertu, une fubite horreur du vice :
tout cela eft en nous fans nous, an‑
térieurement à toute réfléxion, & par
conféquent commun aux athées & aux
déiftes. Mais un athée qui raifonne‑
roit conféquemment, verroit que ces
notions fuppofent l'idée d'un Dieu au‑
teur du bien, fource de l'ordre, prin‑
cipe de toute juftice ; & bien‑tôt ou
il abjureroit fon fiftême infenfé, ou,
s'il y perfiftoit, il feroit obligé en bon
logicien d'en inférer que le bien & le
mal dans l'ordre moral, la vertu &
le vice, l'équité & la fraude ne font

que des préjugés d'inftinct, des illu-
fions de l'éducation, & des erreurs
de la nature. De quelle force pourroit être alors toute la fageffe dont
il voudroit fe parer aux yeux des
hommes ? Elle ne tarderoit pas à cé-
der à la violence des paffions : elle feroit bien - tôt facrifiée aux douceurs
de l'efpérance, ou aux amertumes de
la crainte, aux attraits du plaifir, ou
à la foif des honneurs ou des richeffes. Mais je veux que la vertu d'un
athée ne fe démente point, tant qu'il
fera heureux. Qu'il fe trouve tout à
coup plongé dans l'infortune, accablé
de revers, en proïe à la douleur,
ifolé, dénué, fans autre reffource que
lui - même ; il fe livrera au défefpoir,
fe plaindra vivement de la ftérilité de
fa fageffe, renoncera à un ftoïcifme
auffi infructueux qu'inconféquent, &
cherchera à réparer fes malheurs par

quelque voie que ce puisse être. Il est vrai que la honte & le danger de l'infamie pourront l'empêcher d'être injuste ouvertement. Mais qu'auroit-il à craindre, ou même à se reprocher si, étant sûr de n'être point décelé, il employoit des routes secrettes pour parvenir à ses fins ? Ne lui suffiroit-il pas d'être vicieux prudemment ? Connoîtroit-il d'autre devoir à remplir que celui de bien ménager les intérêts de telle ou telle passion, son unique divinité ? En un mot l'athée conséquent ne connoît point ce principe fondamental de la morale, principe qui concourt au maintien de l'harmonie universelle : *Il est naturel de bien agir :* mais seulement celui-ci : *On ne doit jamais manquer d'agir pour son bien :* dogme toujours pernicieux à l'ordre, quand il est mal entendu, & qu'on n'en pénétre pas le véritable sens.

2°. Il faut bien agir : voilà la base de toute religion. Car ce principe établit une obligation , il *faut* : l'obligation suppose une loi : point de loi sans législateur. Or un athée ne reconnoît point de législateur : il n'admet donc ni loi, ni obligation, ni devoir ; & par conséquent c'est l'ennemi juré de toute religion. Concluons généralement qu'un athée logicien , qui vit sans crainte & sans espérance pour l'avenir , qui ne connoît ni châtimens à éviter ni récompenses à mériter dans une autre vie , doit être à lui-même sa fin , sa loi , son tout, sa félicité , son Dieu. Quelle digue opposera-t-il donc au torrent des passions , qui sont au moins aussi impétueuses chez lui que chez le théiste , si l'impunité de la part des hommes lui est assurée ? Aucune sans doute : autrement il agiroit sans motif, ce qui ne seroit pas d'un Logicien ,

contre la fuppofition : il n'y a donc
point de monftre plus redoutable à la
fociété ; & ainfi il eft du droit des
gens qu'elle faffe tous fes efforts pour
l'écrafer & l'anéantir.

Oui, l'athée immolant à fon plaifir
l'utilité publique, fe refufant à tous les
avantages de la fociété, s'il en réfulte
pour lui le plus léger inconvénient,
tendant à fon prétendu bien-être, à
quelque prix que ce foit, flattant ouvertement les Princes, tandis qu'il
agit fecrettement, pour foulever contre
eux leurs propres fujets, étant en un
mot le fléau des particuliers & la pefte
des états, doit être dénoncé par la
vigilance du citoyen à l'aütorité du
Prince ; & l'arrêt le plus rigoureux
prononcé contre lui eft, je le répéte,
une émanation du droit naturel.

Les légiflateurs ont été fi perfuadés
que la morale & la religion mettoient

un

un frein puissant aux passions de l'homme, seule cause du désordre dans les sociétés civiles & religieuses, qu'ils sont unanimement convenus de punir du dernier supplice tout homme convaincu d'athéisme, comme l'ennemi de toute la nature, le destructeur des loix Divines & humaines, l'auteur, le fauteur & le complice à la fois de tous les crimes éxistans & possibles.

Au reste cette accusation tombe principalement sur celui dont toutes les actions tendroient à nier l'éxistence d'un Dieu créateur, vengeur & rémunérateur. On a peut-être vu des athées vertueux. Spinosa, dit-on, avoit des mœurs fort douces, un caractère bon, simple & vrai : il menoit une vie frugale & tranquille ; il étoit bon ami & zélé citoyen. Mais que s'enfuit-il ? Que la probité & la bonté des mœurs de Spinosa & de ses semblables étoient

conformes à leur goût, à leur humeur,
à certains motifs particuliers de gloire,
d'ambition, de crédit, d'intérêt, ou
pour la propagation de leur fiftême,
ou pour la confervation de leurs perfonnes, enfin à mille pofitions auxquelles
ils n'auroient pû fatisfaire en agiffant
conféquemment. Mais changez les
mœurs, le tempérament, les motifs,
les circonftances; je foutiens qu'il n'y
aura point d'athée, dont la conduite,
fi elle eft conféquente, ne foit un tiffu
de fcélérateffes. D'ailleurs, quand par
hazard il fe trouveroit quelques athées
véritablement honnêtes gens, qu'en
pourroit-on conclure en faveur de
l'athéifme? Les mêmes motifs qui les
détermineroient à la pratique de la vertu, (fi toutefois on peut appeller vertu
ce qui n'en feroit que le mafque,) agi-
roient-ils fur une multitude infectée de
principes?

L'athéifme n'en mériteroit donc pas
moins d'être profcrit, & celui qui le
profefferoit d'être puni févèrement.

Envain· on allégueroit que dans l'a-
théifme, comme dans le théifme,
on n'agit pas toujours conformément
à la doctrine que l'on tient. Premièrement, on peut agir ainfi : en fecond lieu, il eft fouvent à craindre
que l'entendement aveuglé n'entraîne
dans le précipice la volonté trop docile à l'impulfion de fes mauvais penchans. Enfin, quel odieux parallele de
l'athéifme avec le théifme ! Chez un
athée, fécurité entière dans le crime
caché aux yeux des hommes ; chez
un théifte, épouvante & tremblement
à la vue des Jugemens de Dieu : chez
un athée, ni troubles ni remords ;
chez un théifte, les plus vifs reproches
d'une confcience allarmée : chez l'un,
point de paffions qui ne foient autant

de loix ; chez l'autre, point de loi qui
ne réprime ou ne modére toutes les
paſſions : chez l'un enfin, toute notion
de la vertu & du vice entièrement
effacée, ou du moins presque éreinte ;
chez l'autre, mille motifs puiſſans pour
fuir le mal & s'attacher au bien. Que
ne doit donc pas redouter le genre
humain de l'athée, qui se croyant à
lui - même *& sui juris*, ne peut que
jouir du calme & du repos, au milieu
des plus noires horreurs ? Que ne
doit - il pas espérer au contraire du
théiste, qui reconnoiſſant une autorité
souveraine & participée se soumet à
des loix dont la tranſgreſſion eſt ordinairement précédée de combats violens, toujours accompagnée de fiel &
d'amertume, *& suivie* souvent de repentir & d'améndement ? Mais y a -
t - il en effet des athées ?

Il y en a de cœur, répond - on com-

munément, & non d'esprit. Qu'il y
ait des athées de cœur ou de pratique,
c'est une chose incontestable. Tel qui
veut continuer dans ses désordres jusqu'à la mort, ou qui se trouvant à
son heure dernière n'envisage que l'é-
normité de ses crimes, & la justice de
son Créateur, desireroit qu'il n'éxistât
pas un Dieu vengeur de l'ordre & de
la vertu. Mais je ne crois pas qu'il
y ait des athées de théorie, au moins
de ceux qu'on appelle athées positifs;
c'est-à-dire des hommes qui, après
un sérieux éxamen, une mûre délibération, soient réellement persuadés
qu'il n'y a point d'être auteur du monde. Car quelque fortes que puissent
leur paroître les objections qu'ils se
font contre l'éxistence d'un tel être,
il n'est certainement pas possible qu'ils
les trouvent plus convaincantes que
les démonstrations de la vérité du
sentiment contraire. G iij

Il y a des athées de théorie néga-
tifs. Ce sont de ces Philosophes esprits forts, qui, à l'exemple de Spinosa, veulent voir tout au compas
& à l'équerre ; dont la foible intelligence ne pouvant, je ne dis pas embrasser l'infinité des perfections de
Dieu, mais même y atteindre, est jus-
tement opprimée par la gloire dont
elle veut sonder les indicibles & immenses profondeurs, & qui aimant à
se répéter & à tâcher de fortifier les
objections, en ne donnant qu'une
légère attention aux réponses, ou même les éludant, s'aveuglent au point de
tout mettre en doute. S'ils ne font
que douter, ils ne sont pas, comme
je l'ai dit d'abord, proprement athées.
Mais du doute ils peuvent tomber,
comme Spinosa, dans l'égarement
de quelque sistême monstrueux ; & encore un coup c'est n'admettre aucun

Dieu, que d'en fabriquer un à sa fantaisie. C'est l'athéisme du cœur qui conduit à celui de l'esprit; & quoique tout genre d'athéisme soit moins injurieux à la Divinité que le polythéisme, ainsi que je l'ai prouvé, cependant il y a beaucoup moins de malice chez les idolâtres que chez les athées de pratique. Ceux-là du moins étoient d'assez bonne foi; ils cherchoient le Dieu qu'ils ne connoissoient pas parfaitement, dont ils n'avoient qu'une idée confuse, obscurcie par les préjugés de l'enfance, & par les ténébres d'une conduite abandonnée au torrent des anciens usages. Mais ceux-ci fâchés de ne pouvoir fermer les yeux aux lumières multipliées de la raison, de l'instruction, de l'inspiration, & convaincus malgré eux par le consentement unanime de toute la nature entière, consentement qui ne peut être erroné, bien différent en cela de tout

autre donné par quelques nations seulement & sur des objets particuliers ;
les athées de pratique, dis-je, sont autant d'imposteurs dont le cœur dit ce
que leur esprit dément : autant de
monstres d'indépendance & d'ingratitude, qui blasphêment la main pater-
nelle qui les corrige & les comble de
bienfaits : autant de furieux qui dé-
chirent au fond de leur ame l'image
du Tout - puissant pour se soustraire
à son joug, & qui sont désespérés d'y
appercevoir les traits ineffaçables de
la beauté souveraine, dont ils refu-
sent d'aimer & d'adorer les charmes.

Oui, chaque homme a un sentiment
inné de la Divinité. En est - il un seul
qui dans les malheurs inopinés, ou au
milieu de longues souffrances, ne léve
les yeux & les mains vers le Ciel, &
n'y envoye de profonds gémissemens
comme autant d'humbles requêtes
pour implorer le secours de l'Auteur

de la nature. Seigneur, votre nom est gravé sur le front des étoiles en caractères trop grands pour qu'il n'y soit pas lu de tout le monde.

Il y a, dira-t-on, des Nations entières & sauvages, chez lesquelles on n'a pas apperçu le moindre vestige de la connoissance d'un Dieu.

Je nie hardiment le fait comme impossible. Au reste cette objection n'est pas nouvelle; & des voyageurs plus modernes, plus éxacts dans leurs observations, & plus véridiques dans leurs rélations, en ont démontré invinciblement le peu de solidité. On a été bien bon d'en croire sur leur parole quelques avanturiers jettés sur des côtes qu'ils ne demandoient pas mieux que de quitter au plûtôt; ou quelques escadres Espagnoles ou Portugaises qui voloient aux richesses des peuples policés & conséquemment théistes, plûtôt qu'à des découvertes, chez des

Nations inconnues , d'ufages , de
mœurs & de religions , infructueufes
pour leur avarice non moins cruelle
que fordide.

De l'athéifme prétendu de ces fau-
vages , que l'on nous affuroit fuivre
en tout les principes de la loi naturelle,
on auroit vöulu conclure qu'être athée
& être vertueux ne font pas deux
chofes incompatibles. Mais à tout ce
que j'ai déja répondu contre une pa-
reille conclufion , je n'ajoûterai que
cette réfléxion tirée de l'hiftoire même qu'on nous a faite de ces fauva-
ges : qu'en les fuppofant athées , ils
ne pourroient guère être vicieux , ne
connoiffant , comme on nous le dit ,
que les befoins réels de la nature.

Démonstration de l'Existence de Dieu.

J'éxiste, & je suis convaincu par le sentiment intérieur que j'ai de mon éxistence, que je ne me la suis pas donnée, & qu'il ne dépend pas de moi de la perpétuer. Il y a donc une cause de mon être : & comme il seroit absurde & impossible de remonter à l'infini de cause contingente en cause contingente, je conclus que mon éxistence est l'effet prochain ou immédiat d'une cause nécessaire. Je dis prochain ou immédiat ; car je sors (du moins quant au corps) prochainement de mon père, & par mon père de mon ayeul, & ainsi de suite. Mais il faut, dans l'arbre de ma généalogie, que je m'arrête enfin à quelque cause seconde émanée immédiatement d'une cause première.

Or cette caufe première tenant fon
éxiftence d'elle - même, autrement elle
ne feroit plus caufe première, je dis
qu'elle doit être infinie en tout genre de perfections. Car de qui tien-
droit - elle la limitation de fon être ?
D'une autre caufe ? Cela répugne à la
fuppofition. Elle ne feroit donc plus
caufe première d'elle - même. Mai-
la limitation étant une imperfection ,
l'imperfection une négation , & la négation une non - éxiftence , il s'enfui-
vroit que la même caufe fe donne-
roit en même tems l'éxiftence & la
non - éxiftence. Et qu'on ne dife pas :
ce feroit fous différons rapports. En
effet , outre qu'il n'eft pas aifé de concevoir cette diverfité de rapports, il
era toujours vrai de dire que maî-
treffe de fon éxiftence, il eft impoffible qu'elle veuille éxifter fous tel
rapport , & ne pas éxifter fous tel
autre. Il eft de la nature de tout ce

qui éxiste, de tendre néceffairement à
fon bien, ou à fon mieux être. Ainfi une caufe néceffaire ne peut donner
des bornes à fon éxiftence ; & fon
éxiftence étant infinie en durée, elle
doit l'être auffi fous tout autre rapport. Or l'éternité eft effentiellement
liée avec la néceffité. On ne peut concevoir un feul inftant où une caufe
néceffaire ait été dans le néant. Elle
n'en feroit jamais fortie ; puifqu'en fuivant l'hypothèfe, il n'y auroit point
d'autre caufe qui l'en eût tirée, &
qu'elle-même comme néant n'auroit
pu fe donner l'être.

Dira-t-on que l'affemblage de toutes les perfections eft impoffible, &
que fi ce n'eft par fa volonté c'eft
par fa nature même qu'une caufe néceffaire eft bornée ? Foible & dernier
retranchement d'un efprit vraiment
fubtil, & qui s'obftine à ne pas fe
rendre à la force de la vérité ! L'im-

poſſibilité ne vient que de la contradiction ou de l'incompatibilité des
attributs. Or quelle contradiction ou
quelle incompatibilité y - a - t - il entre perfection & perfection , poſition & poſition , ou réalité & réalité , éxiſtence & éxiſtence , plénitude & plénitude ? On n'y voit au contraire que rapport , habitude , poſſibilité , convenance , harmonie. L'aſ-
femblage de toutes les perfections peut
donc éxiſter. Mais ſi cet aſſembla-
ge eſt poſſible , je conclus évidemment qu'il éxiſte. Car s'il étoit ſuppoſé un feul moment ne pas éxiſter ,
dèſlors il feroit impoſſible que jamais il éxiſtât. Il n'éxiſteroit pas de
lui - même , la non - éxiſtence ne pouvant être cauſe de l'éxiſtence. Il n'auroit pas une cauſe extérieure de ſon
éxiſtence ; autrement il ne feroit plus
néceſſaire , ni conſéquemment aſſem-
blage de toutes les perfections. Et

d'ailleurs, que peut-il y avoir hors d'un tel affemblage? Il n'eft donc pas feulement poffible, mais encore éxiftant. Or par ce terme *Dieu*, nous entendons un tel affemblage, un être infiniment parfait. Il eft donc invinciblement démontré qu'il éxifte un Dieu. Il y a fans doute des gens peu accoutumés aux démonftrations métaphyfiques, & dont l'efprit auroit même de la peine à les faifir. Mais le fpectacle de l'univers leur fournit une démonftration phyfique, qui n'eft pas moins convaincante. L'éxiftence de Dieu eft une vérité prouvée avec la dernière évidence, dans un grand livre ouvert à tous les hommes; & ce livre eft le Ciel: il n'y a perfonne qui n'en connoiffe les caractères, & qui ne puiffe le lire & l'entendre. La terre, les élémens & leurs divers habitans parlent tous le même langage fur les perfections infinies

de leur auteur. Ici j'entends quelque
métaphysicien moderne, qui abusant
de l'éxactitude précise de la métaphysique, & de la sagacité de son esprit, m'objecte que de l'éxistence du
monde qui est fini, on ne doit pas
inférer celle d'un être infini ; mais
seulement d'un être auteur du monde, & plus parfait auteur du monde. Donc infini ; c'est une conséquence que j'ai tirée dès la sixiéme
ligne de cet article : & pour en faire
voir la justesse, je demande si l'auteur du
monde est nécessaire, ou contingent?
S'il est nécessaire, il est infini par la
démonstration précédente : s'il est contingent, comme il tient sa puissance
d'un autre être, c'est cet être là, &
non lui, qui est effectivement le
véritable auteur du monde. *Quod
est causa causæ est causa causati* : ce
qui est cause de la cause est aussi cause
de l'effet, enseigne la métaphysique.

On n'osera pas remonter à l'infini,
Concluez. Je finis par une réfléxion
décisive. Dans votre sentiment, dirai - je à un athée, supposé qu'il s'en
trouve, il n'y a rien à espérer, s'il
est vrai ; & s'il est faux, il y a tout
à craindre : dans le mien au contraire, je n'ai rien à craindre, si je
m'abuse ; & si j'ai embrassé la vérité,
j'ai tout à espérer. Or qu'il me réponde & qu'il soit de bonne foi, lequel des deux partis lui semble - t -
il qu'un homme sage, raisonnable,
& vraiment amateur de la félicité,
doive suivre ? Peut - être m'opposera-
t -il que le théiste se prive des douceurs de la vie, & que l'athée en
jouit. Mais premièrement, supposé la
vérité de l'athéisme, bien - tôt l'athée
ne sera pas plus heureux que le théiste,
ni le théiste plus privé que l'athée.
La mort ne tardera guére à les plon-
ger tous deux dans les profonds abî-

mes du néant. Je dis *néant* rélative-
ment au bonheur ou au malheur :
car la diffolution du corps, felon l'a-
thée, eft en même tems l'anéantif-
fement de tout fentiment. En vain l'a-
thée croiroit à la métempfycôfe, ou à
quelqu'autre tranfmigration, auffi ridicule, de la penfée & du fentiment.
Comme il feroit toujours très - igno-
rant fur fon état futur après cette vie,
auffi bien que fur celui de tout autre
homme, il me feroit toujours permis
de préfumer au moins une égalité de
forts après le paffage de l'athée & du
théifte à un autre état, à une nouvelle manière d'éxifter ; & comme ce
nouvel état, & cette autre manière
d'éxifter ne font pas fort éloignés,
(nous n'allons pas ordinairement au-
de là de 80 ans, & il faut bien en
avoir 25 ou 30 pour profeffer l'athéifme ;) je ne vois pas d'avantage affez
grand & affez réel dans des douceurs

qui nous font fi-tôt enlevées pour
préférer leur jouiffance , que l'athéifme confeille , aux vives craintes qu'il
ne peut bannir entièrement du cœur ,
& aux dangers terribles fur lefquels
l'athée peut bien s'étourdir , mais non
fe raffurer. En fecond lieu , les plaifirs permis & tranquilles , les douceurs
d'une vie frugale , champêtre & phi-
lofophique , le calme d'un efprit qui
ne fçait point enfanter de projets d'ambition , la paix d'une volonté fans ceffe
attentive à mettre un frein à fes appétits , la fatisfaction intérieure d'u-
ne confcience fans tache & fans remords ; ce ne font pas là certainement
les biens que l'athéifme propofe à fes
partifans. Mais dans tous les autres objets des cupidités de l'Homme , dans
la paffion des richeffes ou des honneurs , dans l'amour défordonné des
femmes , dans les pourfuites de la haî-

ne, & dans les fureurs de la vengeance; est-il bien possible de trouver le
vrai bonheur? Enfin si les athées pouvoient avoir quelque commerce avec
ces ames pures & innocentes qui se
privent volontairement de ces préten-
dues douceurs après lesquelles ils sou-
pirent tant, & même de l'usage permis
de certains biens créés, ils en recon-
noîtroient bien-tôt l'amertume & le
vuide, & seroient forcés d'avouer que
notre cœur ici bas ne peut être con-
tent & rempli que par l'espérance de
jouir dans une meilleure vie de l'a-
mour & de la félicité même d'un Dieu
créateur, père & rémunérateur.

LUCILIO-VANINI.

Lucilio-Vanini, (d'autres le nom-
ment Pierre,) fameux athée, naquit
à Taurozano, dans la terre d'Otrante

en 1585. Ayant achevé ses études à Padoue, il fut ordonné Prêtre, & se mit à prêcher. Mais il quitta bien-tôt la prédication, pour se livrer de nouveau à l'étude. Il puisa dans des sources empoisonnées l'athéisme, & les erreurs monstrueuses qu'il entreprit d'enseigner aux autres. Il forma, selon le père Marsene, le dessein d'aller répandre l'athéisme dans le monde, avec douze compagnons de ses impiétés & de son libertinage. La France lui étant échue en partage, il quitta le nom de Lucilio, & prit celui de Jules César. Il parcourut ensuite l'Allemagne, les Pays-Bas & la Hollande, d'où il alla à Geneve, & passa à Lion. Sur le point d'y être arrêté, il se sauva en Angleterre. Il y fut emprisonné en 1614. Il recouvra sa liberté quelque tems après, repassa la mer, & alla à Genes enseigner la jeunesse.

Mais ses sentimens dangéreux y urent bien-tôt connus ; ce qui l'obligea de retourner à Lion , où il tâcha de se faire croire bon catholique , en écrivant contre Cardan. Le poison qu'il avoit caché dans cet ouvrage fut découvert. Il retourna en Italie , & revint ensuite en France , où il se fit Moine. Le déréglement de ses mœurs le fit chasser de son monastère ; & il se sauva à Paris , où , pour être bien reçu du Nonce , il entreprit l'apologie du Concile de Trente. Il y sema encore ses impiétés , & s'efforça de les insinuer dans l'esprit d'un grand nombre de personnes. Il fit imprimer en 1616 ses Dialogues de la Nature , dédiés au Maréchal de Bassompierre , qui l'avoit pris pour son aumonier. Cet ouvrage fut à peine publié que la Sorbonne le censura , & qu'il fut condamné au feu. Cela l'obligea de quitter Paris en 1617,

& de se retirer à Toulouse, où il enseigna la médecine, la philosophie, & la théologie. Il profita de la confiance que l'on paroissoit avoir en lui, pour dogmatiser en secret, & pour insinuer son athéisme à ses écoliers. Mais ses impiétés ayant été reconnues, il fut mis en prison, & condamné à être brûlé vif par Arrêt du Parlement de Toulouse : ce qui fut exécuté en cette Ville au mois de Février 1619. Cet athée n'avoit alors que 39 ans. *L'Abbé l'Advocat, Dict. Hist.*

I V.

Du Déisme.

Les Déistes reconnoissent un Dieu auteur de l'univers. Mais il y en a qui lui enlevent sa Providence, & qui prétendent que les événemens sont tellement enchaînés les uns avec les autres en conséquence de la première création, qu'ils sont tous autant d'effets d'une nécessité à laquelle, dès qu'elle est une *fois* établie, il ne peut jamais déroger. Plusieurs avouent la Providence de Dieu; mais ils voudroient se persuader, à cause de la distance infinie qu'il y a entre le Créateur & la créature, qu'il voit d'un œil d'indifférence toutes les actions des hommes bonnes & mauvaises, & qu'il ne leur prépare ni châtimens ni récompenses.

D'autres enfin, & c'est à la vérité le plus grand nombre, admettent en Dieu Providence & Justice. Mais ils soutiennent qu'il ne leur a pu donner pour régle de leur conduite que la loi naturelle.

1°. Comment reconnoître une cause première & créatrice, sans être convaincu de la Providence? La création même, qu'est-elle autre chose que le développement d'une sagesse pleine de bonté

bonté? Un coup d'œil sur l'univers en
est la preuve invincible. Mais arrêtons
nous un moment à la contemplation
de quelques-unes de ses parties.

La terre devant être l'habitation
commune des hommes, & soutenir le
poids de leur propre corps & de tous
les édifices qu'ils éléveroient pour différens usages, il falloit qu'elle fût dure
& consistante. Mais comme elle devoit aussi renfermer dans son sein le
germe de toutes les nourritures, la
Providence attentive à nos besoins a
voulu que sa dureté pût être vaincue,
& que sa consistance cédât au soc de
la charrue, & fût docile à la bêche
du vigneron. Les germes des fruits de
la terre ne pourroient éclore sans la
chaleur bienfaisante du soleil, & si
cet astre versoit toujours & dans le
même dégré ses influences sur les terres posées sous le même parallelle,

H

tout y feroit en peu de tems deſſéché, enflammé, tandis que rien ne naîtroit ni ne croîtroit ailleurs. Auſſi ce diſpenſateur magnifique des libéralités du Tout-puiſſant échauffe-t-il dans ſa révolution annuelle tous les climats d'un pole à l'autre, & y fait-il ſuccéder les tems réglés des ſemailles & de la moiſſon, de manière qu'il y a toujours une compenſation admirable entre le feu dont ſa préſence vivifie les terres, & le rafraîchiſſement que leur procure un éloignement ſalutaire aux pays ſitués ſous les deux extrémités de ſa courſe.

L'humidité n'eſt pas moins néceſſaire que la chaleur au dévéloppement des germes. Les feux ſouterrains & la force du ſoleil ne ceſſent de ſublimer toutes les eaux répandues ſur la ſurface de la terre & dont ſon intérieur eſt imbibé. Elle ne tarderoit donc

pas à devenir une substance aride &
brûlée, un marc, un *caput mortuum*
pésant & friable qui se resoudroit bien‑
tôt en poussière. Mais la sagesse de
Dieu de concert avec sa bonté a pris
de trop justes mesures. Ces vapeurs
qui s'élévent au‑dessus de nos têtes
trouveront des obstacles insurmonta‑
bles, réfléchiront vers la terre, se réu‑
niront, formeront des mers & des
lacs suspendus dans les airs, s'appésan‑
tiront & retomberont enfin dans le
sein qu'elles avoient d'abord été for‑
cées de quitter; & où circulant, &
entraînant avec elles les sucs nourri‑
ciers que la substance même de la ter‑
re fournit, elles les voitureront dans les
petits canaux des grains, des pepins ou
des oignons, & donneront ainsi naiss‑
sance & accroissement aux alimens qui
nous sont destinés.

Le corps humain est, depuis le som‑

met de la tête jusqu'à la plante des pieds, une preuve bien claire de la Providence; & Galien après y avoir découvert plus de six mille parties, dont la liaison, les rapports & l'équilibre concourent à la conservation de la machine, qui d'ailleurs en dépend absolument, avoit bien raison de dire qu'il avoit chanté un bel hymne à la gloire du Seigneur. Car, pour ne parler que de la tête & des extrémités, pourquoi le crâne est-il composé de plusieurs os, & dont la substance mitoyenne est spongieuse ? N'est-ce pas de peur que la tête blessée d'un côté ne soit endommagée dans sa totalité, & que comme elle est la partie la plus exposée aux dangers & aux obstacles, la violence des chocs soit amortie, le mouvement se communiquant à tous les filets de la substance spongieuse du crâne, & qu'ainsi la cervelle ne reçoive

point d'impreſſion trop forte? Si dans
l'oreille il y a tant de ſinuoſités, c'eſt
afin que l'air ne communique ſon mouvement au nerf auditif jqu'après bien
des réfléxions qui modérent la force
de l'impulſion dont ſans cela il auroit
été affecté, ce qui auroit occaſionné
dans l'ame une ſenſation déſagréable.
L'œil eſt au milieu d'une fortereſſe
munie, pour ainſi dire, d'ouvrages extérieurs. Les ſueurs qui découlent du
front pourroient tomber ſur les pau-
pières, & de-là dans les angles; mais
elles ſont arrêtées par des eſpéces de
paliſſades que l'on nomme ſourcils.
Les rayons de lumière le frappe-
roient trop vivement: les cils en
tempérent la vibration. Les yeux ſont
les ſentinelles de tout le corps; ils
doivent regarder de toute part: auſſi
la tête eſt-elle applatie ſur les côtés,
de peur que les arcs latéraux, ſi elle

étoit ronde, ne trompaffent leur vigilance. Nous avons deux yeux, fans
voir les objets doubles : Providence
adorable! n'eft-ce pas afin que l'un puiffe
réparer la perte de l'autre? Toutes ces
différentes brifures ou jointures dans
nos extrémités ne répondent-elles pas
parfaitement au befoin que nous avons
de faire tant de différens mouvemens?
Pourquoi le pouce de la main n'eft-il pas
parallèle aux autres quatre doigts? fans
la facilité de fon mouvement tranfver-
fal que pourrions-nous tenir? Les on-
gles même fervent de point d'appui
à tout ce que nous voulons ferrer ou
pincer. Enfin, (car ce n'eft point un
traité d'anatomie) pourquoi moins de
fenfibilité au talon qu'à la plante des
pieds? n'eft-ce pas parce que celle-
ci plus élevée ne porte point ou que
très-peu fur la terre? Il faut être bien
aveugle pour ne pas voir en tout &

par-tout la fage Providence du Créateur !

Mais , me répondront les Déiftes de la première claffe : nous confeffons & admirons avec vous la Providence générale de la création. Mais la nature une fois créée telle , toute action des caufes fecondes eft néceffitée, & dès-lors point de Providence du moins particulière.

Dans la nature il y a des intelligences & des corps. Que toute action de la matière foit une fuite néceffaire des loix du mouvement & de la création , j'en conviendrai volontiers , tant qu'il ne plaira pas à Dieu de révoquer fon premier décret, ou d'en fufpendre l'éxécution. Mais comme Dieu a établi librement ces loix , n'eft-il pas conféquent qu'il peut y déroger , quand bon lui femble ? Et pourquoi ce même Dieu , que la providence générale démontre avoir pris un plaisir singulier à combler l'homme de bienfaits dans sa création, ne pourroit-il pas par une providence particulière veiller à la conservation de ce chef-d'œuvre de ses mains, en changeant en sa faveur le cours ordinaire de la nature ? Il s'ensuivroit qu'il seroit inutile de recourir à lui dans nos calamités : ce qu'on ne peut penser sans impiété ni proférer sans blasphême.

Nos volontés sont véritablement libres ; & j'ose défier le plus opiniâtre fataliste de douter sérieusement de sa liberté. Quand nous agissons, nous sentons que nous aurions pu ne pas agir, & que nous pouvons cesser d'agir ; en quoi consiste la liberté de contradiction, suivant les termes de l'école. De plusieurs biens qui nous sont proposés, le sentiment intérieur nous convainc que nous pouvons choisir celui - ci ou celui - là , & que nous ne nous laissons pas toujours déterminer par des motifs que d'autres jugeroient prépondérans : voilà la liberté nommée de contrariété. En un mot, si l'homme n'étoit pas libre , à quoi serviroient les exhortations & les menaces, les châtimens & les récompenses ? Oui notre liberté n'est pas moins une vérité incontestable, qu'elle est un solide appui de toute la vie civile. Or cette liberté, dont nous pouvons faire usage dans toutes les positions telles & déterminées , n'est - elle pas dèslors elle - même une providence particulière ? Et est-il bien difficile de comprendre que Dieu qui a créé l'homme pour en être connu & aimé, puisse dans telle ou telle circonstance éclairer son esprit, échauffer son cœur & lui faire faire un usage de sa liberté plus prompt, plus sûr & plus conforme aux vues de miséricorde & de clémence qu'il a sur lui : & n'est - ce pas là une providence complette ? Concluons universellement qu'un Dieu en qui on ne pourroit concevoir de providence même spéciale , seroit un Dieu sans bonté , & conséquemment contradictoire.

2°. Un Dieu sans justice ne répugne pas moins. En effet , qu'est - ce que Dieu ? C'est l'ordre même. Ouvrons les yeux sur l'univers en totalité , ou descendons dans l'éxamen particulier de chacune de ses parties ; nous ne verrons jamais que justes proportions & sages combinaisons. Or on ne peut douter que l'ordre dans l'être fini ne suppose nécessairement l'ordre dans l'être infini , l'effet ne pouvant contenir aucune perfection dont la cause ne soit l'origine & la source. D'ailleurs si Dieu n'étoit pas essentiellement ordre, où aurions-nous pris cette idée invariable de l'ordre, qui eſt la pierre fondamentale de toute ſociété? Pouvons nous avoir quelque choſe que nous n'ayons réçu de l'auteur de notre être? L'univers & notre ame ſont donc à leur manière des tableaux dont le point de vue, général comme détaillé, ne nous découvre dans Dieu qu'ordre ou perfection: ces deux termes étant ſinonimes. Qu'eſt-ce que la juſtice? L'amour de l'ordre & la haîne du déſordre. Ainſi Dieu étant un être infiniment parfait, & devant un amour infini à ſon infinie perfection, doit aimer ſouverainement l'ordre comme perfection, & ne pas moins haïr le déſordre comme deſtructeur de la perfection. Aimer & récompenſer l'ordre, c'eſt la même choſe en Dieu, auſſi bien que haïr & punir le déſordre: Dieu ne pourroit donc pas voir du même œil nos vertus & nos vices, fans ceſſer d'être Dieu.

Que Dieu éxige de nous l'obſerva-tion de l'ordre, c'eſt une vérité de fait & d'expérience. Il y a des eſprits continuellement appliqués à la con-noiſſance de Dieu, & des cœurs pleins de ſon amour. Dieu a donc voulu ſe faire connoître & ſe faire aimer, puiſ-que ſans cette volonté communicati-ve de ſa connoiſſance & de ſon amour, nous n'aurions jamais pu jouir de ces deux biens au - deſſus de toute expreſ-ſion.

Dieu, diſent les déiſtes que je com-bats ici, *eſt ſi ſupérieur à l'homme ; il y a entre ces deux êtres une diſpropor-tion ſi intmenſe, que le dernier ne mérite pas même le nom d'être vis - à - vis du premier qui eſt le tout par nature, la plénitude de l'être :* fort bien juſqu'ici : mais lorſqu'ils ajoûtent ; *& que la vo-lonté*

lonté divine est absolument insensible à tout ce qui peut sortir de la volonté humaine ; ils devroient faire réfléxion que c'est cette même distance infinie entre l'être & le néant qui doit allumer la colère de Dieu contre l'Homme rebelle. Car puisque Dieu est infini, il ne sçauroit agir moins parfaitement que l'Homme qui est un être si limité. Cependant l'Homme tout fini, tout imparfait qu'il est, punit le désordre ; & c'est sans doute en lui une perfection. Dieu ne peut donc le tolérer, au contraire il doit le punir en Dieu ; c'est-à-dire, que le châtiment doit être proportionné à l'offense : & comme l'offense contracte une espéce d'infinité parce qu'elle attaque un Etre infini, le châtiment doit être infini : mais l'Homme fini ne peut souffrir infiniment, il souffrira donc éternellement. Il ne s'agit pas ici de l'éternité des

peines : mais cette dernière conséquence fait voir par quelle chaîne admirable font liées entr'elles les vérités de
notre sainte Religion.

Les Déistes de la seconde espéce ne
cessent de répéter des comparaisons
aussi peu justes que leur sistême est
odieux. Vous offensez-vous, disent-ils,
de la colère d'un insecte sur lequel
vous avez marché par hasard, ou que
vous écrasez à dessein ? Ne riez vous
pas de ces petits mouvemens de vengeance que vous excitez dans un oiseau
au travers de sa cage ? A l'imitation de
l'éléphant de la fable, ne trouvez-vous
pas tous les jours des gens indignes de
votre courroux ? Pourquoi cela, con-
tinuent-ils ? parce que vous regardez
bien au-dessous de vous un ver de terre, un oiseau & même certains per-
sonnages très-méprisables en effet,
si vous le voulez. Or la disproportion

qu'il y a entre une bête, ou entre la
perſonne du monde la plus abjecte,
& vous, eſt infiniment moindre que
la diſtance du Créateur à l'homme,
& par conſéquent ſon indifférence à
notre égard eſt infiniment plus grande
que ne ſeroit la vôtre dans les circonſtances alléguées.

Que d'abſurdités dans les comparaiſons ! quelle inconſéquence dans
leur application ! 1°. Il n'eſt pas bien
certain qu'il y ait des ſentimens de
colère & de vengeance chez les bêtes, & quand il y en auroit, ce ne
ſeroit que des mouvemens indélibérés,
non réfléchis, néceſſaires ; mais la révolte de l'homme contre le Légiſlateur
ſuprême eſt libre, méditée, & ſouvent
de pure malice.

2°. Les comparaiſons nous ſuppoſent
nuiſibles ou méchans à l'égard des bêtes ; & Dieu n'eſt pour nous que bonheur & bonté.

3°. Les bêtes fussent-elles raisonnables, pourquoi leur rebellion nous offenseroit-elle ? Serions-nous en droit de leur donner des ordres ? Quel domaine les Créatures peuvent-elles avoir d'elles-mêmes les unes sur les autres ? Il ne peut y avoir d'autorité créée, qui ne soit une émanation du pouvoir incréé.

4°. En supposant & la raison chez les bêtes & l'autorité chez l'Homme, il est certain que celui-ci ne manqueroit pas de venger & de soutenir ses droits. L'exemple cité en troisième lieu en est une preuve manifeste. Souvent on croit punir davantage certaines personnes par une indifférence de mépris que par une vengeance d'éclat. Mais lorsqu'on agit ainsi, on est digne soi-même d'être méprisé de toute la nature. L'Homme n'est grand qu'à ses yeux ; & son amour propre les rend

d'excellens microfcopes. Dieu eft
grand en lui-même : tout eft néant devant lui ; & rien n'eft petit vis-à-vis
de l'Homme, qui n'eft fuivant l'ex-
preffion de Mr. de Fenelon qu'un rien
revêtu par emprunt d'une très - petite
parcelle de l'être. Ainfi c'eft ordre &
juftice à l'Homme de pardonner, d'ou-
blier l'injure & de vivre dans l'indifférence pour les intérêts mal entendus
de ce *moi*, le malheureux idole de
prefque chacun de nous ; parce qu'il
y a peu de perfonnes, qui réfléchiffent
fur les bornes de leur être, & fur le peu
d'efpaces *qu'elles* occupent dans ce
vafte univers : je dis *elles*, & non la
pompe qui peut les environner, & qui
leur eft entièrement étrangère. Mais
cette indifférence ne peut fe trouver
encore uncoup chez l'Etre néceffaire
qui eft l'ordre par nature, la perfection par effence ; en qui réfide toute

autorité, tout domaine, tout pouvoir,
à qui il eſt ſelon l'ordre d'obéïr avec
zèle, crainte & amour: oui à lui, &
à lui ſeul, appartient la vengeance;
& ſa juſtice doit nous préparer des
récompenſes ou des châtimens propor-
tionnés à nos bonnes ou mauvaiſes
œuvres.

Cet aveu, cette éxagération de ſa
baſſeſſe, & de ſon néant, n'eſt point
chez le déiſte vraie humilité. Ce n'eſt
à l'éxaminer de près qu'orgueil, qu'a-
mour de l'indépendance & des plaiſirs, qu'attentat à la divinité même.
Si Dieu n'avoit que des récompenſes
à diſtribuer, on ne le ſuppoſeroit pas
ſi éloigné de nous: on ne s'abbaiſſe
tant que pour ſe ſouſtraire à la fou-
dre dont on craint les éclats. On
veut vivre au gré de ſes paſſions,
ſuivre les mouvemens déréglés de ſon
cœur; & on dépouille Dieu de ſa juſ-

tice pour écarter les remords, détruire toute subordination, en se promet-
tant une impunité totale, & s'ériger
soi - même en divinité.

Le dernier retranchement des déistes seroit de dire que toutes nos actions sont indifférentes par elles - mêmes, & qu'elles ne sont bonnes où
mauvaises que dans les fausses idées
que nous nous en formons par la force des préjugés & de l'éducation. Mais
ce sistême est si monstrueux qu'il fait
horreur à la seule exposition. Et si
quelqu'un ose avancer qu'il n'y a point
de différence essentielle & prise dans
la nature même des choses, entre as-
sassiner ses père & mère & défendre
leur vie au péril de la sienne propre,
c'est un imposteur dont la bouche pro-
fére ce que son cœur défavoue, &
qui mérite le plus rigoureux châtiment.
Enfin l'éxistence du mal moral, &

du mal phisique, ne démontre-t-elle
pas invinciblement la Juftice divine?
Nous ne voyons partout, nous n'é-
prouvons au dehors comme au dedans
de nous-mêmes que châtimens & fup-
plices. Dans les calamités publiques,
toute la nature s'arme contre nous,
& s'apprête à nous faire fubir l'éxécution de quelque arrêt formidable. La
terre indignée nous refufe fes fruits, notre nourriture & notre vie. L'air, mi-
niftre des vengeances céleftes, porte
dans nos veines les poifons & la mort.
Nous-mêmes acharnés à notre perte
commune, nous nous déchirons mutuellement le fein avec un fer cruel.
Dans les guerres inteftines qui s'élévent au fond de nos cœurs, la fureur
des paffions n'immole-t-elle pas à
la Juftice divine notre tranquillité &
notre bonheur?

Dira-t-on que tous les maux dans

l'ordre phifique & moral font effentiellement attachés à la condition de
la nature humaine ?

Je conviendrai que les maladies, la
mort, l'ignorance & la concupifcence, ou la pente vers les objets fenfi-
bles, font des fuites néceffaires de l'hu-
manité : mais les déréglemens de cette même concupifcence, ces defirs ef-
frénés enfans & pères à la fois de la
plus affreufe débauche, l'aveuglement
& les ténébres de l'efprit formés des
noires vapeurs des plus honteufes paffions, n'eft-ce là qu'un fimple penchant vers ce qui peut nous procurer
quelque bien ; qu'une certaine limitation de notre inteiligence ? Non, non,
ce font des effets auffi convaincans que
mérités d'une Juftice toute-puiffan-
te ; & ces effets terribles font eux-mêmes les caufes funeftes d'un grand nombre de maladies, & de morts de dif-

férens genres, auxquelles l'homme innocent n'auroit jamais pu être sujet.

3°. Je renvoie à l'article de la Religion les déistes de la troisiéme classe, qui admettent dans Dieu providence & justice, & qui nient toute religion révélée. Je me contenterai ici de leur observer que tous les hommes sont d'accord entr'eux pour les confondre : car, excepté un petit nombre d'idolâtres qui restent encore, tous les peuples de la terre sont ou Juifs ou Chrétiens, ou Mahométans, c'est-à-dire dans une ferme persuasion qu'il y a une révélation. Or ce dont toute la nature convient, dit Ciceron, est infailliblement & nécessairement vrai.

L'ABBÉ DE PRADES.

Les vrais fidéles voient avec bien de la satisfaction la victoire éclatante

que la religion vient de remporter sur
le déisme, & sur tous ceux qui le professent. La rétractation de M. l'Abbé
de Prades, publiée à Paris par Mandement de M. l'Archevêque de cette
Capitale du Royaume, a porté les derniers coups à cette erreur monstrueu-
se, & à ses sectateurs. Elle fait pré-
sumer que ce jeune théologien avoit
eu dans sa conduite plus d'impruden-
ce & d'inconsidération, que de mauvaise foi & d'incrédulité.

Utinam qui secuti sunt errantem,
Sequantur & pœnitentem.

V.

De l'oubli de Dieu.

Vivre dans l'oubli de Dieu, c'est ne
point remplir les devoirs prescrits par
la religion que l'on professe. Vous
conseillez donc, me pourra-t-on objecter, à un Juif ou à un Musulman

la pratique des loix & des cérémonies judaïques ou mahométanes.

Je ne conseille à personne d'embrasser le judaïsme ou le mahométisme, ou d'y persévérer. Mais je prétends qu'un Juif, ou qu'un Musulman, dans la fausse persuasion de la vérité de sa religion, dòit la pratiquer ; autrement il n'agiroit point selon sa conscience, & ajoûteroit au péché d'une erreur vincible, celui d'une négligence formelle à l'égard d'un culte cru divin.

Je ne parle point d'un idolâtre, parce qu'il n'est pas possible de l'être pour peu qu'on réfléchisse.

Qu'il ne soit donc ici question que du Christianisme. Or l'omission des devoirs qu'il ordonne peut avoir trois causes : le défaut d'éducation, l'embarras des affaires de la vie, & la violence des passions. Mais elles ne produisent pas nécessairement un effet aussi funeste, & dont nous pouvons nous préserver, par l'attention de l'esprit, par la fermeté de notre volonté à coopérer au secours de Dieu qui ne nous manque jamais, quand nous le demandons sincèrement.

1°. Si quelqu'une de ces causes pouvoit rendre plus excusable l'oubli de Dieu, ce seroit sans contredit la première. Un enfant naît de parens dans l'indigence & sans éducation : il croît, & dès qu'il balbutie, on l'envoie aux écoles publiques. Recevra-t-il les instructions qu'on y donne souvent si mal ? Ses organes sont incapables de retenir aucune impression. Vient-il à se développer, & prendre une certaine consistance ? il est alors dans l'âge d'acquérir quelques connoissances, il est vrai, mais il est à charge à sa famille. On ne pense qu'à lui faire apprendre un art ou un métier. Il ne

peut être trop tôt chez un maître,
auquel on n'a point d'autre prix à
donner de ses soins que les années de
l'apprentif, & dont l'intérêt & l'avarice
exigent févèrement l'emploi de tous
les inſtans ſans en accorder aucun,
ou que très - peu, pour des leçons
beaucoup plus importantes que les ſien-
nes quelque néceſſaires qu'elles puiſſent
être. Un jeune homme de vingt ans
ſe trouve ainſi n'avoir du chriſtianiſme que le caractère ineffaçable qui
lui a été imprimé par le Baptême.
Accomplira - t - il des devoirs dont il
ne connoît ni l'étendue ni la néceſſité
indiſpenſable, & qu'il voit ſi fréquem-
ment négliger par ceux mêmes qui
paſſent pour en être les plus éxactement inſtruits?

Quoique toutes ces circonſtances
lui rendent plus difficile l'éxécution
des commandemens de notre religion;

néanmoins comme il a certainement perdu, pendant le cours de huit à dix années, des momens, des heures ou même des jours qu'il auroit dû confacrer à la lecture & à la méditation des livres inftructifs & touchans compofés à l'ufage de la jeuneffe, l'oubli, ou fi l'on veut, l'ignorance des chofes faintes, libre dans fon principe, lui fera imputé à péché.

II°. Polypragme a reçu l'éducation la plus cultivée. Il a mené une vie toute chrétienne jufqu'à l'âge de 25 ans. On l'a marié avantageufement. Dans les premiers tems de fon établiffement tout lui réuffiffoit ; il voyoit fon commerce fleurir, fon crédit s'augmenter, fes coffres fe remplir : mais fatale viciffitude des chofes humaines ! fa femme mourut bien-tôt après, fans lui laiffer d'enfans. Les reprifes matrimoniales lui enlevèrent la moitié de fon

bien. Cinq ou six banqueroutes confi-
dérables qu'il souffrit en moins de
trois mois épuisèrent ses fonds. Il ne
put acquitter plusieurs lettres de chan-
ge, son crédit diminua : le feu com-
mença à se mettre dans ses affaires.
Il ne perdit point courage, & pour
l'éteindre, que de peines & de travaux !
Depuis ce tems-là, combien de fois
ne s'est-il tiré d'un embarras qu'en se
jettant dans un autre ? Il commence
enfin à renaître. Uniquement occupé de
l'espoir & des moyens de relever l'édi-
fice de sa fortune sur ses anciens débris,
il ne pense presque point aux choses divines. A peine fait-il en un mois une
lecture spirituelle : lorsqu'il prie, il n'y
a que ses lévres qui font en mouvement ; & tandis que sa bouche con-
jure le Seigneur de le délivrer des
maux éternels & de lui accorder les
biens célestes, son esprit ne songe

qu'à la voie la plus prompte & la plus
sûre d'échapper à telle fâcheuse cir-
conftance, & fon cœur ne defire que
les avantages temporels, Hélas! il ne
fe fouvient plus de cet unique néceſ-
faire, du falut de fon ame. *Porrò unum
neceſſarium.*

Sans doute nous devons gémir fur
fon état ; les foins, les foucis qui le
dévorent, voilà l'ivraie qui a étouffé
le bon grain ; au reſte la terre eſt
bonne, ne défefpérons pas. Etourdi
fur fa fituation, il n'en connoît pas
le danger. Mais il viendra un moment
heureux, où la réfléxion lui deffillant
les yeux, & fon cœur s'ouvrant aux
puiſſantes & douces impreſſions de la
grace, il retournera avec ardeur aux
pieux exercices d'une religion adorable qu'il n'a fait que perdre de vue,
& à laquelle en toute occafion il auroit facrifié tout, biens, honneur,

fanté, vie, plûtôt que d'y renoncer formellement.

III°. Philogame né avec une forte inclination pour le plaifir, avoit donné dès fon enfance de funeftes préfages d'une vie déréglée : la vigilance continuelle de fes parens & de fes maîtres n'a rien épargné pour éteindre jufqu'à la plus légère étincelle de feu qui s'allumoit dans fon cœur. Leurs foins ont eu quelque fuccès : la raifon fe développant avec l'âge, ce tendre éléve leur devenoit tous les jours plus cher par les efpérances qu'il leur faifoit concevoir. Mais il n'eut pas plûtôt atteint l'âge de 15 ans, que livré à lui-même par la mort imprévue de fes père & mère, fon goût pour le féxe fe réveilla ; une tante déja furannée encore coquette fe chargea d'achever fon éducation. Il étoit vif & d'une jolie figure. Elle le mena aux fpectacles, & dans des cercles de femmes aimables, où il pût se former aux belles manières, & prendre le ton de la bonne compagnie. La vanité de la tante se nourrissoit des éloges qu'on faisoit du neveu ; & le cœur de celui-ci, docile aux instructions de ses nouveaux précepteurs, s'enflammoit de plus en plus. Bien-tôt il eut occasion de lier une intrigue qu'il rompit peu de tems après pour une autre, à laquelle une troisiéme ne tarda pas à succéder. Enfin, il y a déja long-tems que Philogame a lâché la bride à ses passions, & rien n'est égal à l'impétuosité avec laquelle elles l'entraînent à sa perte.

Comment au milieu d'une vie aussi bruyante, aussi licentieuse, se souviendroit-il encore des leçons du Christianisme qu'il a reçues, & de la pratique des exercices dont on avoit commencé à lui faire prendre l'heureuse habi-

tude ? Sans un miracle de la grace ,
quel retour à la vertu peut-on espérer
d'un jeune homme , qui depuis dix ans
a l'esprit obscurci de ténébres épaisses
par la lecture de toutes les fausses
maximes du siécle , & le cœur endurci
au péché par les répétitions sans nombre des débauches les plus effrénées ?

Il n'abjureroit pas la religion de ses
pères, je le veux croire ; mais que lui
en reste-t-il ? Un oubli total & que rien
ne peut excufer.

Car quelle que soit la violence de
nos penchans vers le mal , elle n'im-
prime à l'ame aucune nécessité. Notre
liberté pour le bien s'en affoiblit , d'accord : mais elle se fortifiera & devien-
dra supérieure à tout obstacle, si nous
sçavons mettre à profit les secours que
Dieu ne cesse de nous donner. D'ailleurs, que peut répondre à la justice
de Dieu Philogame, qui ne cherche

qu'à donner de nouveaux accroissemens à l'incendie qui le consume.

Un esclave qui feroit resserrer des nœuds qu'il auroit aisément déliés, s'il eût voulu, auroit-il bonne grace de se plaindre de ne pouvoir s'en débarrasser? Ou un voyageur, qui pouvant franchir un fossé, le feroit élargir & creuser, devroit-il accuser quelqu'autre que lui-même de sa chute dans le précipice?

St. IGNACE DE LOYOLA.

Saint Ignace, Fondateur de la Compagnie de Jesus, né au château de Loyola en Biscaye, dans la province de Guipufcoa, l'an 1491, vécut jusqu'à l'âge de 29 ans dans un oubli total de Dieu. Après avoir passé quelque tems à la Cour de Ferdinand Roi d'Espagne, en qualité de Page avec Charles de Lantivy dont la Maison est connue en Bretagne ; il voulut, à l'imitation de ses frères, prendre le parti des armes : c'est ce qui l'obligea de quitter la Cour, & d'avoir recours à Antoine Manrique Duc de Najara, sous lequel il apprit la discipline militaire. Ignace dont je parle étant devenu capable de servir, se mit dans les troupes, & passa par tous les dégrés de la milice. Les Historiens de sa vie assurent que, quelque talent qu'il eut, la vanité occupoit tout son esprit, que la galanterie partageoit ses exercices avec les travaux guerriers, & qu'il suivit les maximes corrompues du monde, jusqu'au tems où il plut à Dieu de le rappeller de ses égaremens. François I. assiégeoit l'an 1521 la Ville de Pampelune, capitale du royaume de Navarre. Les Officiers Espagnols projettoient de rendre la place.

Il combattit leur résolution, & s'exposa courageusement avec la garnison du château. Il y reçut une blessure à la jambe gauche: ce qui lui occasionna une violente maladie, mais dont il fut guéri au bout de quelque tems. Pendant sa convalescence, il demanda quelque roman, pour se désennuyer; il ne s'en trouva point: on lui apporta une vie des Saints; il la prit, l'ouvrit, lut, & se convertit. Il ne travailla le reste de sa vie qu'à réparer le funeste oubli, dans lequel il avoit passé sa jeunesse, de ses devoirs envers la Divinité, par les travaux apostoliques auxquels il se livra tout entier, pour faire connoître aux nations une religion qu'il avoit si longtems négligée. *Voyez le P. Bouhours, Vie de Saint Ignace.*

CHAPITRE II.

I.

De la Piété.

IL ne suffit pas de rendre à Dieu l'hommage qu'il éxige : il faut encore le lui rendre de la manière qu'il prescrit , c'est-à-dire , avec tout l'amour dont notre Cœur est capable. C'est cet amour de toute notre ame , de toutes nos forces , de toute l'étendue de notre être , que je nomme Piété , & qui ne se trouve pas toujours chez ceux qui font profession de la vraie religion. Autrement on cesseroit d'être Chrétien , sitôt que la ferveur dans le service de Dieu se rallentiroit ; & je ne crois pas qu'on puisse être rigoriste jusqu'à ce point.

Or nous devons aimer Dieu , 1°. comme

comme infiniment aimable en lui - même ; 2°. comme notre bienfaiteur ;
3°. comme notre souverain. D'où je
distingue trois sortes d'amour de Dieu,
amour de justice , amour de reconnoissance, amour d'obéissance.

1°. J'appelle amour de justice, ce
sentiment affectueux qui nous attache
à Dieu comme source & centre de toute perfection ; & j'entends que dans
la supposition que Dieu, qui ne nous
doit rien, ne nous comblât pas de ses
graces, comme il fait, nous ne lui
devrions pas moins tout l'amour dont
nous serions capables. Un célèbre auteur, qui croit se connoître en affection mieux que personne, ose avancer
que Dieu n'est pas aimable parce
qu'il est grand, sage, tout - puissant,
mais parce qu'il est bon : & ailleurs il
dit que Dieu n'a fait les objets aimables que pour être aimé. Pour sauver

la contradiction, il me semble qu'il eft indifpenfablement obligé de foutenir que la grandeur, la fageffe & la toute-puiffance divine ne font point aimables en elles-mêmes. Car s'il eft vrai que notre Cœur doit un tribut d'amour aux amabilités créées, il ne peut raifonnablement le refufer aux amabilités incréées. Ainfi comme il eft en droit, fuivant cette nouvelle doctrine, de le refufer à la grandeur, à la fageffe & à la toute-puiffance incréées, confidérées en elles-mêmes, c'eft une conféquence néceffaire qu'il n'y a rien d'aimable dans ces attributs de la Divinité pris abfolument, & fans aucun rapport actuel de bienfaifance à des créatures éxiftantes. Ce ne feroit donc point autant de perfections : ou bien qu'on me faffe voir quelque oppofition ou quelque différence entre parfait & aimable.

Dans un autre endroit, il fait un portrait achevé d'une jeune perſonne *adorable* & adorée en effet de pluſieurs amans timides & reſpectueux, mais qui engagée à l'un d'eux par *des liens indiſſolubles, ne pourra jamais payer* les autres *d'aucun* retour ; Cela veut dire, ſi je ne me trompe, qu'elle ne leur ſera jamais bonne. Cependant notre auteur permet aux amans ſans eſpérance, *mains coupables que malheureux*, de l'aimer, *puiſqu'elle eſt aimable*. Il reconnoît donc des charmes aimables en eux-mêmes, & aimés juſtement par ceux qui n'en doivent jamais jouir. K....., a une élégance de ſtile inimitable, mais bien peu de logique. *Ses raiſonnemens ont obſcurci ſa raiſon*, & il s'efforce inutilement *de convertir l'évidence en problême.*

Mais, me dira-t-il, il n'y a point d'amour déſintéreſſé ; ſoit : n'eſt-il pas de l'intérêt de notre raiſon & de notre cœur d'aimer ce qui eſt aimable en ſoi - même? Je ſçais bien que l'amour des perfections divines eſt abſolument inſéparable d'un ſentiment de plaiſir, d'une ſatisfaction intérieure : mais en conclurai-je que je ne les aimerois pas, s'il ne m'étoit délicieux de les aimer? En un mot, cette propoſition, Dieu eſt aimable, eſt d'éternelle vérité, c'eſt - à - dire vraie en elle-même, indépendamment des bienfaits de Dieu, & dans l'hypothêſe qu'il n'eût jamais dû rien tirer du néant.

Je connois qu'il eſt très - poſſible qu'un coupable aime l'équité de ſon jugement, quoiqu'il ait de l'averſion pour le ſupplice auquel il eſt condamné. Pourquoi cela? parce que l'équité comme perfection eſt aimable en elle-même, & de droit naturel, eſſentiel, impreſcriptible, & que rien ne peut abroger.

Suivant le fiftême que je combats ici, un homme qui imploreroit la toute-puiffance ou la miféricorde divine dans un danger preffant, & qui ne feroit pas éxaucé, pourroit donc fans crime en moins aimer ces perfections adorables. Peut-on le penfer fans impiété?

Mon Dieu, en enfer avec votre amour, ce font les termes de Sainte Thérèfe. *Seigneur,* difoit Saint Auguftin, *fi j'é-tois Dieu, & que vous fuffiez Augnf-tin, quel plaifir n'aurois-je pas à vous faire ce que je ferois en devenant ce que je fuis!*

J'avoue que les objets de ces pro-pofitions font impoffibles. Mais du moins prouvent elles au Cœur plus encore qu'à l'efprit la poffibilité de l'a-mour de Dieu du premier genre, que j'ai appellé amour de juftice. Il eft vrai que cet amour même eft un don de Dieu dont nous éprouvons continuellement la bonté & la libéralité. Mais encore un coup, nous ne lui devrions pas moins toutes les affections de notre Cœur pour toutes ses autres perfections, fût-il possible de les concevoir sans aucun rapport direct à notre bien-être.

II°. Sur combien de puissans motifs ne porte pas l'obligation où nous sommes de rendre au Créateur amour de reconnoissance pour amour de bienveillance ? Est-il un seul homme qui puisse ne pas reconnoître en Dieu le plus tendre des pères, le plus attentif des maîtres, le meilleur des amis?

1°. Dieu notre père avant tous les siècles formoit & disposoit dans son idée infinie les traits grands & nobles, qui devoient nous rendre son image au moment de notre création. Occupé de nous avant que nous fussions, sa complaisance à contempler l'ouvrage

futur de fes mains., nous donnoit une
forte d'éxiftence & même d'éternité
dans fes décrets immuables auffi anciens que lui - même. Les pères temporels, ou ceux qui fe difpofent à le
devenir ont - ils cette attention, cette
prévoyance, cette tendreffe antérieure
à la naiffance de leurs fils ? Dans l'en-
gagement qu'ils contractent, ils n'en-
vifagent fouvent que les plaifirs, & non
la fin du mariage : c'eft moins l'éxiftence de leurs femblables qu'ils fe pro-
pofent, que le moyen qu'ils croyent
le plus propre à leur procurer un mieux-
être. Mais Dieu infiniment heureux
de lui-même & par lui feul n'a rien
acquis en devenant notre père, qu'autant d'ingrats qu'il a produit d'enfans.
Les tems éclos, nous naiffons du fein
de fa parole créatrice. Il anime de
fon fouffle l'argile pétrie de fes mains.
Cieux, terre, élémens, animaux,

contemplez & révérez le chef - d'œuvre de ma toute - puissance , le tableau
vivant de mes perfections ; vous êtes
mes créatures , voilà mon fils : je ne
vous ai tirés du néant que pour lui.
Dieu dit , & les astres brillent pour
éclairer les pas de l'homme. Les arbres
chargés des plus excellens fruits baissent
leurs branches & l'invitent à prendre
une nourriture délicieuse : la terre lui
offre de toutes parts des lits de fleurs
aussi charmantes à la vue qu'agréables
à l'odorat ; les animaux viennent à ses
pieds recevoir les ordres de leur roi.
Quel autre père que Dieu consacre au
service de son fils tout ce qu'il possé-
de , sans aucune réserve ? Cléanthe , du
consentement de sa femme plûtôt ma-
râtre que mère , éloigne de chez lui
les fruits de leurs amours , aussi - tôt
qu'ils sont nés , & ne destine qu'une
très - modique portion de son bien à

leur éducation, dont jamais il ne s'informe.

Mais l'homme, ce fils si cher à l'auteur de son être, devient bien-tôt un ingrat, un rebelle : son père le renoncera-t-il pour son fils, lui enlevera-t-il son héritage ? Non, il croiroit perdre les droits de père, s'il le puniſſoit autrement qu'en père ; bien différent des pères hommes, qui ont étendu les droits de la paternité de tout tems & par-tout juſqu'à l'exhérédation totale, & autrefois chez certains peuples juſqu'à la mort de leurs enfans même innocens.

Quel aimable père que le Dieu que j'adore ! à qui ma révolte me rend encore plus cher ; qui par tendreſſe ſe charge de mon crime, ſe revêt de ma nature, afin de ſuppléer à mon inſuffiſance par une réparation auſſi abſolument indiſpenſable que néceſſairement infinie ! Peuples, qui ne connoiſſez Dieu que comme votre père, rendez lui d'immortelles actions de graces : rien n'eſt plus juſte. Mais vous Chrétiens, qui ſçavez que ce même Dieu s'eſt fait homme pour le ſalut de tous les hommes, & qui vous nourriſſez de la chair d'un Dieu père & rédempteur ; quelle doit être la vivacité de votre reconnoiſſance, ſurtout puiſque votre père, le maître commun de tous les hommes, ne communique qu'à vous la plénitude de ſes lumières !

2°. L'excellent maître que Dieu ! comme il eſt la toute-ſcience, il eſt la toute-bonté. Il a imprimé dans l'ame de chacun de nous ces premières vérités, ces notions frappantes, ces principes lumineux, ſource de toute doctrine, & que les leçons des hommes ne font que réveiller en nous : encore

n'aurions-nous befoin, pour les appercevoir, que d'y réfléchir, nous por-
tons au-dedans de nous-mêmes un tréfor inépuifable de connoiffances ; &
il n'en eft aucune qui ne procéde de
la fcience éternelle. N'avons - nous
point encore eu, ou avons nous perdu la clef de ce tréfor, je veux dire,
nos organes font-ils naturellement embarraffés, ou les avons nous-obftrués
nous-mêmes en y envoyant les fumées
de mille paffions ; avec quelle bonté
Dieu ne fe plaît - il pas à les cuvrir,
ou avec quelle patience ne nous ex-
horte-t-il pas à ne plus oppofer de nua-
ges aux rayons de la lumière pure
dont il veut nous éclairer? Avons-
nous le malheur de ne point écouter fa
voix, de nous obftiner à marcher dans
les ténébres ; loin de fe retirer de
nous, & d'éteindre le flambeau de
fa vérité, fa bouche ne cefle de nous

faire entendre les leçons les plus importantes, son esprit nous pénétre & nous découvre malgré nous le précipice de l'erreur. Sommes-nous dociles à ses instructions, il aime à étendre de plus en plus la sphère de notre intelligence. Où trouverons-nous un tel maître parmi les hommes, souvent ignorans & toujours très-bornés dans leur sçavoir, occupés de préjugés, impatiens, colères, intéressés, ou même jaloux des progrès de leurs disciples? Il suffit d'être homme pour avoir part aux instructions de Dieu, tendantes au développement de la raison humaine : mais ce n'est que les Chrétiens qu'il investit des lumières de sa splendeur, à qui il revéle des connoissances autant supérieures à celles des autres hommes que la nature est inférieure.

Ce n'est qu'à une foi vive & humble

blé qu'il se communique intimement,
Thomas médite, prie, gémit aux pieds
de son Crucifix, & ce bœuf de l'école
devient en peu de tems le Docteur an-
gélique.

3°. Dieu est le meilleur de tous les
amis. Quoique cette proposition soit
prouvée par des précédentes, elle demande néanmoins quelque détail.

Que fait un ami pour l'objet de
son affection ? Il l'aime, lui veut du
bien, lui en fait.

Douter de l'amour de Dieu pour les
hommes, c'est demander s'il est bon,
& par conséquent s'il existe. Comment
pourroit-il, sans cesser d'être ce qu'il
est, haïr son propre ouvrage ? D'ailleurs l'amour que je sens pour l'auteur
de mon être, est en même tems la
preuve & l'effet de celui qu'il a pour
moi. C'est le plus précieux de tous
ses dons.

Il est aisé de juger de tout le bien que Dieu veut à l'homme, par tout celui qu'il lui a fait. Il n'y a rien dans la nature, dont nous ne soyons la fin plus ou moins prochaine. Les animaux & les fruits font destinés à la nourriture de notre corps, les élémens à la conservation de la vie & à mille usages nécessaires & agréables, les Cieux & les astres à la contemplation raviffante de l'efprit ; Tout a été fait pour nous, & nous pour Dieu ; cependant que de plaintes, que de murmures côntre la main qui nous diftribue tant de richeffes ! ·

Il ne devoit point y avoir de maux phyfiques : notre corps est fujet à des befoins qui le moleftent fort : notre ame est agitée de paffions violentes contraires à fon bonheur. Voilà les principaux griefs que les impies alléguent contre la bonté de Dieu.

Mais, premièrement, les désordres
dans le monde physique, les submer-
sions des Villes, les pestes, les fami-
nes, la naissance des monstres, &c.
rien de tout cela peut-il dispenser de
la reconnoissance ceux qui n'en souf-
frent point ? En sont-ils moins en-
vironnés des bienfaits de Dieu ? Et les
personnes pour lesquelles ces événemens sont funestes, si elles y survivent,
sont-elles aussi malheureuses qu'elles
se le persuadent ? Ne sont-elles pas
investies de biens réels que la mort
seule peut leur enlever ? Un incendie
a dévoré vos greniers & vos riches
moissons; des voleurs vous ont enlevé tout l'or & l'argent de vos coffres
forts ; vous êtes réduits à une extrême médiocrité: mais vous jouissez d'une
santé parfaite ; & si vous calculez juste, vous verrez que la somme de vos
besoins diminuera, & que le total de

ce qui vous reſte de fonds vous ſuf-
fira. Qu'avez-vous donc perdu ?
Rien autre choſe, que des fantômes
de richeſſes incompatibles avec la douceur du repos, qu'il ne tient qu'à
vous de goûter. Quelque fléau dans
l'ordre phyſique vous a-t-il plongé
dans un état de véritable douleur ? Les
maladies aiguës dont vous êtes tour-
menté ſe termineront-elles par la
mort ? Eh bien ! où eſt votre infortune en tout cela ? Je n'y en vois
aucune. Les maladies ſouffertes avec
patience & réſignation, ſont le germe
& le gage d'une éternelle félicité, &
une ſainte mort n'eſt que le paſſage
d'un inſtant à une vie infiniment meilleure que celle à laquelle vous paroiſ-
ſez ſi attaché. Enfin, n'êtes-vous pas
coupable envers Dieu ? Il eſt donc
ſouverainement bon quand il vous met
dans un état d'expiation & de mérite.

Ainsi les événemens qu'il vous plaît d'appeller désordres rentrent dans l'ordre de la miséricorde divine à l'égard des hommes, comme dans celui de sa toute - puissance & de son immutabilité, étant des suites nécessaires des loix primitives de la nature, & faisant briller davantage le tableau de l'univers par les ombres qu'ils y jettent.

Pour ce qui est des besoins du corps, bien loin qu'ils soient pour moi un motif d'ingratitude, ils ne font qu'augmenter ma reconnoissance. Ce font autant d'attentions bienfaisantes du Créateur, pour nous distraire d'un travail dont la continuité nous consumeroit. Et avec quel plaisir n'appaisons-nous pas ces besoins ? Les voluptés les plus flateuses ont - elles rien d'aussi vif, d'aussi délicieux que le contentement d'un voyageur altéré qui étanche

fa foif dans le courant d'une eau fraî-
che & pure ? En combien de manières différentes notre goût n'eſt - il pas
excité, réveillé, ſatisfait ? Toutes les ſa-
veurs diverſes répandues dans les viandes, ou pour parler plus éxactement,
occaſionnées dans l'ame par les mets
que Dieu nous a préparés, ne ſont-
elles pas autant de ſenſations agréables,
& de marques certaines de l'amour
qu'il nous porte ? Il nous demande
ſeulement de ne pas nous y arrêter
comme à notre fin dernière.

Il eſt vrai que nous avons des paſſions : mais il n'eſt pas moins conſ-
tant qu'elles ſont toutes bonnes & innocentes en elles -mêmes, n'étant que
le cri de toute la nature, le penchant
vers le mieux - être , le deſir de la
félicité. C'eſt l'abus que notre liberté
en fait qui ſeul eſt criminel. Ce n'eſt
donc pas Dieu, mais nous que nous

devons accufer de leurs funeftes effets.
On pourra objecter que leur violence,
qui nous entraîne fouvent au mal, ne
dépend pas de nous : il fuffit de répondre, pour les juftifier dans leur principe,
que cette même violence eft la punition
méritée, comme la preuve inconteftable
d'une prévarication de notre part ; que
Dieu nous donne des moyens de la fur-
monter, & que fans elle il n'y auroit
point de combat, & conféquemment
point de mérite, ni de victoire. L'homme, & fur-tout l'homme chrétien, que
Dieu foutient d'une manière particulière dans fon abandon, confole dans fes
peines, écoute dans fes prières, reléve
de fes chutes, affermit dans la voie
de la juftice & du falut, ne ceffe donc
d'éprouver dans quelle étendue, & à
combien de titres, Dieu eft fon bienfaiteur & fon ami. Il lui doit donc
l'amour le plus vif de la reconnoiffance
la plus tendre.   L iv

III.1°. L'homme doit encore à Dieu
comme à son souverain un amour d'o-
béissance.

Dieu seul possède sur toute la nature
un domaine entier, absolu, universel,
& dont celui des puissances de la terre
n'est qu'une foible image. C'est de
la volonté des peuples que les Princes
ont d'abord tenu leur autorité & leur
pouvoir. Mais Dieu est de lui - même
le souverain de tout l'univers. Or
il n'y a personne qui ne convienne
qu'il doit obéissance & soumission à l'autorité créée, participée, & conséquemment qui puisse refuser d'éxécuter les
ordres de la Majesté suprême & incréée.
Où trouvera-t-on un sujet plus dépendant de son Roi, que l'homme ne
l'est de son Créateur? Entre quel Prince & quels vassaux y a-t-il une distance aussi immense qu'entre Dieu &
nous? Quel esclave est plus puissam-
ment sous la main de son maître que

l'homme fous l'empire du Très-Haut ?
Peut - il y avoir quelque domaine ,
quelque grandeur temporelle , qui devant l'Eternel ne foit efclavage & néant ?
Nous lui devons donc toutes fortes
d'hommages , & l'accompliffement total
de fes commandemens. Les grands
de la terre donnent fouvent des ordres qu'on éxécute avec une crainte
fervile , mais non avec amour. L'équité la plus éxacte n'eft pas toujours
l'ame de leurs projets , & la régle de
leurs actions ; & lorfqu'ils ne prefcri-
vent rien que de très - conforme à la
droite raifon , ce n'eft prefque jamais
en pères qu'ils commandent. Ils croi-
roient s'abbaiffer & déroger à leur fu-
périorité , fi par la hauteur du ton de
leur voix , & par la prétendue dignité
de leurs geftes , leur orgueil ne recu-
loit les bornes de l'efpace que la vérité leur découvre fort petit *entr'eux*
& les perfonnes qui leur font foumi-

L v

ſes. Mais comment à une crainte reſ-
pectueuſe ne joindrions - nous pas un
amour tendre, dans l'obſervation des
ordonnances d'un Dieu qui n'éxige
rien de nous que pour notre félicité, qui ſemble moins nous comman-
der que nous prier, nous conjurer
de vouloir être heureux, qui ne dédaigne pas de deſcendre juſqu'à notre impuiſſance & à notre néant pour
éxécuter avec nous ce qu'il nous ordonne, & pour nous élever ainſi au
ſein de ſes grandeurs & de ſa gloire?

Cette affection intérieure, l'ame de
tous les devoirs de religion, ou ſi
l'on veut, le vrai culte extérieur rendu
à Dieu en eſprit, en vérité, & avec
charité, voilà la piété véritable.

Cléanthe eſt fidéle à réciter tous
les jours un certain nombre de prières,
il aſſiſte à toutes les parties de l'office divin, il obſerve éxactement les
préceptes du jeûne & de l'aumône

cependant Cléanthe n'est point un homme pieux, parce que l'esprit de Dieu ne vivifie aucune de ses actions.

C'est bien à tort que K.... croit avoir une vraie piété, lui qui s'imagine pouvoir jouir de tous les agrémens de la vie, pourvu que ce soit avec reconnoissance, qui blasphême cette sainte haîne de nous-mêmes qui nous fait embrasser avec ferveur les croix, les mortifications, l'abstinence & le cilice. A-t-il donc oublié qu'il est pécheur ? Ou pense-t-il que son offense, parce qu'elle est infiniment griéve, eu égard à l'infinité de l'objet qu'elle attaque, ne demande aucune réparation ? Mais sa piété ne s'arrête pas là ; elle traite de puérilités & d'abus les cérémonies du Christianisme; elle prétend que pour bien aimer Dieu, il n'est pas nécessaire de n'aimer que lui ; elle sous-entend peut-être qu'il

faut rapporter tout autre amour à l'a-
mour de Dieu : Mais par quel motif
secret a - t - elle omis une explication
si nécessaire ?   Quelle piété enfin dans
un homme dont toute la doctrine n'a
pour but que d'établir & d'étendre par
tout le régne de l'indépendance & des
plaisirs sensuels ? Hélas , qu'il s'abuse
cruellement ! Il ne peut y avoir de
piété hors du culte que Dieu a prescrit
lui - même.

Prenons Théophile pour modéle :
persuadés avec lui que rien n'est plus
juste que d'aimer Dieu pour ses perfections infinies , & pénétrés des sentimens d'une vive reconnoissance pour
tous les bienfaits dont le Seigneur ne
cesse de nous combler ; faisons comme lui notre unique étude d'une entière obéissance extérieure & intérieure
aux Loix Divines , & nous acquére-
rons une piété solide , dans laquelle

il n'y a point d'excès à craindre....
Difons deux mots des vices par défaut
contre cette vertu.

AMÉDÉE *VIII. Duc de Savoye.*

Ce Prince, né à Chambery le 4 Septembre 1383, étoit doué d'une piété
fignalée. Après le décès de Marie de
Bourgogne fon épouse, il forma le
deffein de fe retirer dans quelque foli-
tude, pour vaquer uniquement à l'affaire de fon falut. Mais les guerres
qu'il eut à foutenir, & toujours pour
des caufes légitimes, l'obligèrent de
différer l'éxécution de ce grand projet jufqu'en l'année 1434. Il fit bâtir
à Ripaille, près de Tonon, une efpéce d'hermitage, où après avoir mis
ordre à fes affaires, & donné à fon fils
toutes les inftructions néceffaires pour
le gouvernement de fon état, il prit

le 8 Novembre l'habit de Religieux ;
avec les Chevaliers de Saint Maurice,
ordre que lui-même avoit établi quelque tems auparavant [dans lequel fut
admis un sieur Fourché , ancienne
maison du Poitou , de laquelle il s'en
trouve du même nom au Parlement de
Bretagne.] La réputation de sa piété
le fit élire Pape par le Concile de Basle
en 1439, qui déposa Eugene IV. suc-
cesseur de Martin V. Après bien des
refus, il céda enfin aux instances des
Députés du Concile, & prit le nom
de Felix V. Il fit son entrée à Basle le
24 Juin 1440, & fut couronné le 24
Juillet suivant, après la mort d'Eugene IV. arrivée en 1447. Ceux qui
avoient été du parti de ce Pontife élu-
rent Nicolas V. du nom. Le schisme
qui divisoit l'Eglise depuis 8 à 9 ans,
alloit prendre de nouvelles forces , s'il
n'eût été bientôt étouffé par la démis-

tion volontaire de Felix V. Sa bulle de renonciation eſt datée du mois d'Avril 1449 à Lauſanne, où il avoit convoqué le Concile qui procéda à l'Election de Nicolas V. Sa piété ſatisfaite d'avoir rendu la tranquillité à l'Egliſe, l'engagea à retourner dans ſa ſolitude de Ripaille, où il vêcut exemplairement. Il mourut depuis à Geneve le 7 Janvier 1451, en odeur de ſainteté. Son corps fut porté en l'Egliſe de Ripaille. La chronique manuſcrite de Savoye rapporte qu'il s'eſt fait ſur ſon tombeau pluſieurs miracles. *Guichenon, Hiſt. généal. de la royale maiſon de Savoye.*

II.

De l'Hypocriſie.

L'hypocriſie eſt une eſpéce d'aveuglement que j'ai beaucoup de peine à concevoir. Car ou celui qui emprun-

te le voile de la piété pour couvrir
les horreurs qu'il médite croit en Dieu,
ou il n'y croit pas. S'il est convaincu de l'éxiftence d'un fouverain être
dont l'immenfité le pénétre, dont l'œil
éclaire les replis les plus cachés de fon
Cœur, comment efpère - t - il lui en
impofer en affectant des dehors contraires à fes fentimens, & en tâchant
d'éteindre en lui - même le flambeau
de la vérité éternelle ? N'eft - ce pas
infulter à la Divinité que de fe pro-
mettre l'impunité d'une audace auffi
téméraire ? Si c'eft un athée qui fe
mafque aux yeux des hommes, il n'i-
gnore pas qu'ils portent la méfiance
jufqu'à foupçonner les mœurs les plus
régulières & la plus fincère dévotion,
& qu'ainfi il fe met dans le cas de
devenir bientôt l'objet de leur mépris & de leur faite. L'hypocrite eft
donc malgré lui contradictoire à lui-

même : tandis qu'il veut se jouer de Dieu ou des hommes, il ne peut se dissimuler, ou qu'il allume sur sa tête le feu des vengeances célestes, ou qu'il se rend l'exécration de la société humaine.

C'est l'amour de soi-même mal entendu qui est le père de l'hypocrisie ; on se préfére à tout, & on se permet tout ; on veut satisfaire ses desirs les plus déréglés, mais si on le faisoit ouvertement, on se couvriroit de honte & de confusion. Il faut donc se parer de l'extérieur de la vertu, qui a des droits si absolus sur tous les Cœurs, que ceux mêmes qui ne l'aiment pas sont forcés de la révérer : il n'y a point d'autre moyen de se livrer au vice, sans blesser les intérêts de l'amour propre. Mais le succès répond-il à l'espérance dont l'hypocrite s'étoit flaté ? Non, non ; toujours quelque odeur infecte s'élève du fond de ce sépulchre blanchi, & décèle la pourriture renfermée sous l'or & le marbre qui le décorent. On apperçoit les vains efforts que fait cette autruche, c'est ainsi que St. Gregoire appelle l'hypocrite, pour s'élever dans l'air : elle montre bien des aîles, mais dont les plumes sont trop foibles pour l'enlever de la terre, où elle demeure attachée.

Il est pourtant vrai que l'hypocrite n'est pas toujours démasqué du premier abord : ce qui le rend bien plus dangereux pour le commerce de la vie qu'un libertin reconnu. Car on peut aisément se précautionner contre la malice, les plus pernicieux conseils & les criminels exemples d'un homme qui s'affiche pour ce qu'il est ; au lieu que le tartuffe n'étant jamais ce qu'il s'efforce de paroître, est plus difficile à pénétrer. Mais il arrive tôt ou tard

un heureux moment, une circonftan-
ce favorable, où le traître fe dévoile
lui-même, & où la vérité triomphe
dans tout fon éclat. Il n'eft pas poffible en effet qu'un fourbe qui ne pro-
jette nuit & jour que duplicités, par-
jures, infidélités, noirceurs, fe faffe
un fiftême de conduite, qui n'écroule
enfin par quelque endroit. Je regarde
l'hypocrite comme une machine fi
compofée, & dont les refforts font
fi multipliés, qu'il faut néceffairement
qu'elle fe détraque en quelqu'une de
fes parties.

Auffi toutes les religions du paga-
nifme qui devoient leur naiffance à
l'hypocrifie de leurs fondateurs, dont
l'ambition démefurée profitant de la
fotte crédulité des peuples imbéciles,
ne cherchoit qu'à captiver leur confiance, pour leur faire éprouver dans
la fuite une tyrannie d'autant plus

cruelle qu'elle étoit cachée fous un voile apparent de piété ; toutes ces religions, dis-je, fe trahiffoient au grand jour, perdoient à être éxaminées de près, & n'étoient plus aux yeux d'un fcrutateur éxact & déprévenu que des préjugés de l'éducation ; qu'un cahos d'abfurdités & d'impoftures.

Enfin, l'hypocrite eft le plus coupable de tous les pécheurs, le plus criminel de tous les fcélérats, le plus défefpéré de tous les impénitens. Oui, fi l'impénitence finale eft refervée à quelque vice, c'eft fans doute à l'hypocrifie, n'y en ayant aucun qui attaque la vérité, la majefté, la bonté ; en un mot toutes les perfections divines plus directement, plus impudemment, plus conftamment ; puifqu'elle convertit en moyens de damnation tous les fecours de falut que Dieu préfente aux hommes.

Mais gardons nous, par une fauſſe crainte de tomber dans l'hypocriſie, de diſſimuler notre religion ; ce ſeroit preſque l'abjurer. Tous les hommes ſe doivent l'exemple du bien , & les Chrétiens celui de la véritable piété. Paroiſſons ſans affectation ce que nous ſommes, & ſoyons toujours bons & religieux. En un mot, ne rougiſſons ni de la vertu, ni de J. C., ſi nous voulons que J. C., qui eſt la vertu perſonnifiée, ne rougiſſe pas de nous à la face de l'univers , lorſque le grand jour de la manifeſtation de ſa gloire ſera arrivé.

CROMWEL.

Ollivier Cromwel naquit en 1603, dans la Ville de Huntington, capitale du Comté qui porte ce même nom. Il fit ſes études dans l'Univerſité de Cam-

bridge, au Collége de Sydnei. Il joua
dès son enfance le personnage d'hypocrite. C'est sous le masque de la
vertu qu'il s'efforça dans un âge avan-
cé de gagner les bonnes graces de l'Archevêque d'Yorcck, afin de parvenir
par son moyen aux premières dignités ecclésiastiques. Il avoit embrassé
le parti de l'Eglise. Personne n'igno-
re les détestables desseins qu'il forma
dans la suite, contre Charles I. son
Souverain, & leurs effets funestes pour
ce Prince. Comme le Roi, à l'autorité duquel on commençoit alors à
vouloir se soustraire, avoit dans son
parti toute la Noblesse, qui s'y étoit
engagée par un principe d'honneur ;
Cromwel vit bien qu'il falloit faire
agir le peuple, qui étoit pour lui,
par un motif aussi fort, & se déclara
protecteur de la religion, contre tous
ceux qui voudroient, disoit-il, en cor-

rompre la pureté. Jamais fcélérat ne
pouffa l'hypocrifie plus loin. Lui pré-
fentoit-on un Officier ; il commençoit par lui demander s'il étoit ortho-
doxe. Il compofoit lui-même des livres de prières pour les foldats, &
prioit avec eux dans leurs tentes. Dans
toutes les affaires qu'on lui propofoit,
il éxigeoit du tems avant que de répondre, fous prétexte de prendre con-
feil de Dieu, de fa confcience, & de
fes amis. En rendant compte au Parlement de fes expéditions militaires,
il finiffoit par déclarer que fi l'on con-
fidéroit le cours rapide de fes victoi-
res, on trouveroit dans tout ce qu'il
avoit fait beaucoup de la main de
Dieu, & fort peu du bras de la chair.
On le voyoit quelquefois prêcher dans
les Temples mêmes. Après la mort
tragique de Charles I. arrivée le 30
Janvier 1649, c'eft-à-dire, après le

plus horrible parricide qui jamais ait
pu être commis, Cromwel le principal
auteur de ce crime, ordonna un jour
de jeûne, pour remercier Dieu, disoit-il, de ce que l'Angleterre avoit
été délivrée de la tyrannie: Ce traître
hypocrite jusqu'au dernier soupir, re-
nonça, sur le point de rendre l'ame, à
l'établissement de ses enfans, & à tous
les autres avantages qu'il auroit pu
procurer à sa famille, pour conserver
encore après sa mort la réputation du
désintéressement qu'il avoit feint pendant sa vie. Il ne faut que lire les ordonnances de Cromwel, pour nommer cet usurpateur l'hypocrisie person-
nifiée. Ses crimes furent impunis pendant sa vie. Il mourut dans son lit le
13 Septembre 1658, âgé de 58 ans,
aussi tranquillement qu'auroit fait le
meilleur Prince, & fut enseveli avec
la pompe des Rois. Mais enfin la Na-
tion

tion reconnut son aveuglement, rap-
pella Charles Stuard II. du nom, fils
aîné du Roi décapité, & le couronna
à Westminster le 3 Mai 1661. Dans
la même année, le corps de Cromwel
fut déterré par Ordonnance du Parlement, & attaché aux fourches patibu-
laires avec la dernière ignominie ; &
son effigie fut pendue & brûlée dans
toutes les Villes d'Angleterre, par les
peuples en fureur, en exécration de sa
mémoire. *Raguenet, Hist. de Cromwel.*

III.

De la Tiédeur.

Les principales causes de la tiédeur
sont le défaut de méditation sur les
vérités de la religion, la dissipation,
le respect humain, l'assoupissement de
l'habitude, & la négligence dans les
petites choses.

1°. Nous avons un corps dont le

poids nous entraîne continuellement vers la terre. Ses besoins sont en un sens autant de distractions des atten- tions & de la vigilance que nous devons à notre ame. Mais notre tête est élevée : nos yeux ne peuvent s'ouvrir, que nous n'appercevions la vaste étendue des Cieux. Sage providence de Dieu, qui n'a pas voulu que nous perdissions jamais de vue le lieu de notre origine, & le terme de notre pélerinage ! Combien néanmoins, par un abus cruel des bienfaits du Seigneur, regardent, sans le voir, le séjour de l'immortalité ? Est-il bien étonnant qu'ils ne s'acquittent que froidement des devoirs de la re- ligion, lorsqu'ils négligent de s'éle- ver sur les aîles de la méditation dans le sein de son auteur ? Peuvent-ils découvrir ailleurs la vérité ou l'excel- lence du Christianisme, la divinité & la bienveillance de son Fondateur, l'unité & la sainteté de sa morale, la perfection & l'enchaînement de ses préceptes? Et sans une conviction entière sur ses importantes vérités, comment se livrer avec ardeur à l'exercice d'un culte dont l'amour doit être l'esprit & la base? Or point d'amour sans connoissance, & point de connoissance sans méditation.

2°. Sophie est une jeune personne de vingt ans, dont la conduite, les mœurs & la religion n'ont jamais été suspectes. Mais elle est vive, légère, aime à s'amuser honnêtement, visite souvent ses compagnes, joue, concerte, se promene avec elles. La décence la plus scrupuleuse est observée en tout. Elle revient chez elle: elle lit l'écriture sainte, mais sans attention: elle prie, mais avec distraction. Si elle est à l'Eglise, l'Office lui paroît long; son goût pour la particu-

pation aux augustes mystères de notre religion s'affoiblit de jour en jour.
Sophie est tiéde pour Dieu : c'est parce qu'elle est ardente pour ses diver-
tissemens , qui quoiqu'innocens , n'en
sont pas moins frivoles & incompatibles avec tout l'amour qu'elle lui
doit.

3°. Dernièrement elle étoit à la
campagne chez une tante d'une piété exemplaire : plusieurs Dames avoient
fait avec leurs maris une partie de
chasse pour le jour même, elle en
devoit être ; mais comme c'étoit un
Dimanche , la tante témoigna à sa
niéce qu'elle feroit mieux de passer
un si saint jour plus chrétiennement.
Celle-ci dont la fortune dépend de la
tante , ne résista point. Elle fut tout
le jour aux pieds des Autels , mais de
corps seulement comme elle l'a avoué
depuis. Juste punition de pratiques

religieufes purement de refpect humain.

4°. L'homme à force de faire certaines actions, contracte la facilité de
les renouveller: heureux celui qui dès
l'enfance s'eft formé à l'habitude de
la vertu! La grace opére en nous pour
les œuvres de la religion, ce que la
fréquente répétition y produit ¡pour
celles de la nature. Mais nous fommes
affectés moins vivement des chofes
auxquelles nous fommes accoutumés;
& fi c'eft un bien dans une continuité de circonftances fâcheufes, c'eft un
grand mal lorfqu'il s'agit de l'exercice du vrai culte de Dieu. Si nous n'y
apportons promptement les remédes
efficaces que la religion nous offre,
craignons que notre tiédeur ne dégé-
nére enfin en infenfibilité. Réveillons
nous donc au plûtôt d'un fommeil fi
dangereux, fi nous avons le malheur
d'y être enfevelis, & pour n'y plus

retomber, ne commençons jamais aucune action, que nous ne nous difions
qu'elle doit être faite pour Dieu, &
qu'elle fera fûrement faite en fa pré-
fence. Alors la dignité de fa fin, la
pénétration de l'œil qui l'éclairera, ra-
nimeront toutes les facultés de notre
ame, & la même action répétée après
trente & quarante ans, aura la force
& la vie que le fecours de Dieu lui
avoit données, lorfque nous l'avons
produite pour la première fois. Que
dis-je? Elle acquérera toujours de nouveaux dégrés de perfection, étant certain que le bon ufage d'une grace
nous en attire une autre de la miſé-
ricorde divine.

5°. Dans les pratiques de notre Ste.
religion, il n'y a rien qui ne foit
grand & digne de notre adorable Légiſlateur : en méprifer la moindre cé-
rémonie; c'eft fe rendre coupable de
lèze - Majefté divine, enfreindre vo-

lontairement quelque précepte que ce puiffe être de Dieu ou de fon Eglife, c'éft fe révolter ouvertement contre le Tout-Puiffant. Il eft de foi que tous les péchés ne font pas mortels, qu'il y en a de véniels. Mais comme tout péché prend fa fource dans l'oppofition de la volonté de l'homme à celle de Dieu, les Théologiens font fort embarraffés lorfqu'il s'agit de déterminer la différence effentielle du péché véniel au péché mortel ; & tous font d'accord que l'habitude du premier eft une difpofition au fecond. La négligence dans ce qu'il plaît d'appeller les devoirs les plus légers, eft certainement une habitude vénielle, puifqu'enfin c'éft une omiffion continuée de devoirs réels. Par elle on s'accoutume à juger de l'importance plus ou moins grande de fes devoirs. On eft juge au gré d'une volonté aveugle & paffionnée : on fe trompe fouvent.

Dieu qui voit qu'on ne cherche qu'à s'éloigner de lui, se retire peu-à-peu, & l'on tombe dans une tiédeur dont on ne se reléve que rarement & difficilement.

Mais, me dira-t-on, pour éviter ce malheur, ne suffit-il pas de n'omettre aucun point de la loi qui oblige ?

Quelle ferveur que celle qui prend toujours de nouveaux accroissemens ! Quel amour de Dieu, que celui qui s'arrête de lui-même au milieu des progrès qu'il pourroit faire ! Quoi, lorsque l'homme devroit gémir sur les bornes que le fini de son être met nécessairement à l'hommage qu'il doit à l'être infini, il ne cherchera qu'à les resserrer de plus en plus ! Un tel état n'est-il pas tout au moins la tiédeur même ?

Dans l'exercice de la religion ne négligeons donc ni préceptes ni cons feils. Je dis confeils rélatifs à notre état, à notre condition : & redoutons plus que la mort les terribles effets de la tiédeur.

Premièrement, la tiédeur conduit infenfiblement au crime, *lequel a fes dégrés ainfi que la vertu.*

C'eft un glacis fur lequel ne trouvant aucun point d'appui, aucune négligence de direction, on ne fait jamais que defcendre, en acquérant toujours plus de viteffe. Où le glacis finit, là s'ouvre un précipice affreux, fur le bord duquel il n'y a que le bras du Seigneur qui puiffe nous arrêter. Et ne feroit-ce pas une préfomption extravagante que de compter fur un fecours auffi miraculeux, & dont à chaque inftant on fe rend plus indigne.

En fecond lieu, quand l'ame tiéde ne feroit jamais que tiéde, & qu'elle ne viendroit pas à s'égarer dans le labyrinthe du crime, devroit-elle moins

trembler, lorfque Dieu lui fait le commandement exprès d'être ou toute
chaude ou toute froide, en la me-
naçant dans fa colère de la vomir de
fa bouche, précifément à caufe de fon
état de tiédeur ?

Cette menace ne vous regarde pas ,
ames faintes & chéries du Seigneur ,
vous de qui il ne paroît s'éloigner quelque tems, que pour vous enflammer
d'avantage du feu facré de fon amour.
Vos fécherefles ne font pas des tiédeurs:
ce font des abandons fimulés de votre bien-aimé , des épreuves miféricor-
dieufes qu'il fait de votre tendreffe ,
pour la purifier de tout ce que l'amour
propre pourroit y mêler d'impercep-
tible ; des fituations heureufes qui vous
rendent d'autant plus chères au cœur
de votre Dieu , que le vôtre en fouffre plus vivement & plus généreufe-
ment.

L'EVÊQUE DE LAODICÉE.

L'Ange de l'Eglise de Laodicée fut pour la tiédeur menacé par l'Apôtre Saint Jean, de la part de Dieu, de ce terrible anathême : *Que n'êtes-vous froid ou chaud ? Mais parce que vous êtes tiéde, je commencerai à vous vomir de ma bouche.* Quel funeste état que la tiédeur, puisqu'il est puni de Dieu plus rigoureusement que celui du froid, c'est-à-dire, de l'insensibilité même.

CHAPITRE III.

I.

Du Zèle.

JE diftingue entre ferveur & zèle; L'objet de la ferveur eft intérieur à l'ame. Ce font fes opérations rélatives au culte de Dieu, & dont la ferveur eft la vie & l'ame même. L'objet du zèle lui eft extérieur, & eft double, la gloire de Dieu & le falut du prochain. En traitant de la piété nous avons parlé de la ferveur. Parlons ici du zèle, qui en eft une fuite néceffaire, & de fon double objet.

1°. Il n'eft pas poffible d'être véritablement pieux, & de n'être pas ardent à procurer de tout fon pouvoir la gloire de Dieu. La piété ne confifte que dans l'amour. Or quand on eft épris d'un objet, on ne veut que pu-

blier

blier l'excellence de fes beautés & de fes perfections ; car on defire que tout le monde approuve le choix que l'on à fait, & cet applaudiffement univerfel intéreffe vivement le bonheur & la gloire même de celui qui aime. Pour nous en convaincre, repréfentons nous un jeune homme éperduement amoureux d'attraits imaginaires, & que lui feul appercevroit dans l'objet de fa tendreffe : quelle feroit fa douleur & fa confufion, fi chacun cherchant à le défabufer de fon erreur venoit l'entretenir avec mépris de celle qui l'auroit fixé ? N'excuferoit-il pas les défauts fur lefquels on lui feroit ouvrir les yeux ? N'éxagéreroit-il pas le peu de bonnes qualités de l'éxiftence defquelles on pourroit convenir ? Si au contraire c'eft une perfonne accomplie qu'il aime, il ne penfe qu'à elle, il ne parle que d'elle, elle eft l'ame de toutes fes actions, la vie de tout son être ; il exige qu'on ait pour elle ses yeux, ses sentimens, son cœur. Ce n'est pas l'amour dont les autres pourront s'enflammer, qui lui cause du trouble & de l'inquiétude ; c'est celui qu'il seroit possible qu'elle conçut pour eux, parce qu'alors il n'en seroit plus, ou que plus foiblement aimé, l'amour d'un être fini ne pouvant se partager sans se limiter encore plus qu'il ne l'est essentiellement.

Mais lorsqu'il s'agit d'un objet infiniment aimable, en qui l'ombre même de la plus légère imperfection ne peut éxister, qui par sa nature est la beauté, l'excellence, la perfection même & incréée ; avec quelle ardeur ne doit-on pas éxalter son nom, ses grandeurs & ses charmes ? On ne craint aucun reproche : il n'y a point de défaut à couvrir, de perfection à éxa-

gérer. Loin de courir le moindre rif-
que, on gagne beaucoup à le faire
connoître & à le faire aimer. Il en
aimera davantage celles d'entre fes
créatures que nous aurons rapprochées
de lui; mais fon amour pour nous ne
perdra rien de fa force, puifque la
fource de cet amour étant l'infinité
même, quelque multipliés que puif-
fent être les ruiffeaux qui en dérivent,
& avec quelque abondance qu'elle puiffe y couler, elle fera toujours, je ne
dis pas feulement inépuifable, mais
même inaltérable. Nous deviendrons
au contraire d'autant plus chers à cette
beauté fouveraine & illimitée, que
nous lui aurons prouvé plus d'amour,
en nous efforçant de lui trouver plus d'a-
dorateurs. Dieu qui nous a aimés, lorfqu'encore dans l'abîme du néant nous
étions incapables de retour, pourroit-
il ne pas nous aimer d'avantage ;

quand nous l'aimons au point de nous
dévouer tout entiers à la manifesta-
tion de ses amabilités? Si l'amour se
paye par l'amour, ce feu divin croît
dans l'objet aimé à proportion des
progrès qu'il fait dans le cœur de celui qui aime.

Mais comment glorifier le Dieu que
nous adorons? C'est en menant une
vie pure, en observant avec exactitude,
avec amour, en esprit & en vérité les
devoirs que prescrit le culte qu'il exige
de nous. Ce moyen est commun à
tous les fidéles. Chacun de nous a
la voie du bon exemple, & il n'y a
point de muets en ce genre, qui ne
le soient volontairement. Un saint Religieux disoit plusieurs fois chaque se-
maine à son compagnon : Allons prêcher. Ils sortoient, faisoient le tour
de la ville, & rentroient sans avoir
proféré une seule parole. Mais tout

leur extérieur avoit parlé : un front sé-
rein & pacifique , un regard humble
& doux , un visage de pénitence , une
démarche modeste ; ce font là d'excellens orateurs. Que le Dieu des Chrétiens est grand , qu'il est parfait, s'é-
crioient les Païens mêmes , témoins
oculaires des vertus de nos pères ! Dieu
nous a tous faits missionnaires. La mission d'un père de famille s'étend sur-
tout au cercle de son domestique. C'est
là que par ses bonnes-œuvres , par ses
avis, par ses recompenses , par ses
corrections sages , il doit faire éclater
son zèle pour la gloire de son Dieu.
L'équité, la douceur, l'affabilité , voilà
la prédication qu'un Juge est obligé de
faire entendre à toute une ville ou à
toute une province.

Mais quel est le bonheur de ces
hommes que J. C. même a choisi pour
les Apôtres de sa doctrine , à qui il a

donné le privilége exclufif d'annoncer
la lumière de fon Evangile aux nations
couvertes des ténébres de l'erreur !
C'eft pour eux que naiffent tous les
jours de nouvelles occafions de témoi-
gner au Seigneur que leur cœur eft
dévoré du zèle de fa maifon.

2°. Ce qui doit enflammer de plus
en plus leur zèle & le nôtre, ce font
les grands biens qui en réfultent pour
le prochain. Tous les hommes & par-
ticulièrement tous lés Chrétiens font
membres d'un même corps ; il ne doit
donc y avoir aucun bien qui ne leur
foit commun , aucun avantage auquel
ils ne participent tous , & fi quelqu'un
d'eux eft dans la fouffrance , tous y
doivent compatir. Telle eft la loi néceffaire de toute économie animale ,
tel eft auffi l'effet de l'harmonie effentielle à toute fociété. L'homme de
vertus, & de vertus chrétiennes , ne

doit chercher qu'à rappeller autant
qu'il est en lui, à la vie dont il jouit,
ceux qu'il voit dans un état d'agonie
ou de mort. Il ne peut qu'être dou-
loureusement touché de leur mort. Or
que l'éloquence des bonnes mœurs est
énergique, qu'elle a de force pour retirer le pécheur des sentiers de l'ini-
quité ! Que d'éclatantes conversions attachées à l'édification constamment
donnée & heureusement reçue ! Mais
lorsque cette édification est préparée
par le don de la parole, & soutenue
par la force de l'instruction, combien
ne produit-elle pas de fruits salutaires,
sur-tout chez ces peuples éloignés que
Dieu visite dans la personne de ses
envoyés, pour que les dogmes de notre religion deviennent une vive lumière dont l'éclat dissipe leurs ténébres, & ses préceptes, une nourriture
céleste qu'ils dévorent avec d'autant

plus d'avidité, qu'elle leur fait sentir
le vuide de celle que toute autre religion préfentoit à leur docilité trom-
pée ?

ST. FRANÇOIS XAVIER.

Ce faint perfonnage, dévoré du zèle
de la maifon du Seigneur, prit naiffance le 7 Avril 1506 au château de Xavier, qui eft au pied des Pyrenées. Il
fit fon cours de Philofophie à Paris, où
il fe lia d'amitié avec faint Ignace de
Loyola, qui le fit un de fes premiers
compagnons pour l'éxécution du deffein qu'il avoit formé de fonder la
Compagnie de Jefus. Il étudia en Théologie, & fut l'un des fix qui firent vœu
avec faint Ignace dans l'Eglife de
Montmartre, le jour de l'Affomption
1534, d'aller travailler à la converfion
des Juifs & des Infidèles. Il fut or-

donné Prêtre ; & le Roi de Portugal Jean III. l'ayant fait demander à saint Ignace par son Ambassadeur des Missionnaires pour porter l'Evangile dans les Indes Orientales, François Xavier fut choisi pour cette sainte mission. Il partit de Rome, où il étoit alors avec l'Ambassadeur en 1540, & s'embarqua le 7 Avril 1541 à Lisbonne, pour aller dans les Indes. Il arriva le 6 Mai 1542 à Goa. Il seroit difficile de faire un détail exact de ses travaux évangéliques. Il suffit de marquer qu'il établit la religion chrétienne à Goa, sur a côte de Comorin, à Malaca, dans les Isles Molucques & dans le Japon, & qu'il convertit un nombre infini de Barbares. Il mourut le 2 Décembre 1552 dans une isle à la vue du royaume de la Chine, où il avoit une passion extrême de prêcher la foi de Jesus-Christ. Il étoit âgé de 46 ans. Ur-

bain VIII., dans la Bulle de la cano-
nifation de ce Saint, le nomme l'Apôtre des Indes. *Horace Turfelin.*

I I.

Du Fanatifme.

On confond affez communément
l'idolâtrie, le polythéifme, & la fuperftition avec le fanatifme. Mais felon moi le fanatifme ne doit fe prendre que pour cette fureur facrilége
d'un zèle impie, qui, les armes à la
main, veut faire embraffer telle ou
telle religion. Mahomet n'eût été
qu'un impofteur, fi ayant formé le
deffein de fe faire reconnoître pour
envoyé de Dieu, il n'eût mis en ufage
que les artifices de la féduction. Mais
il a fait marcher devant fes étendarts
la terreur & la mort : Mahomet fut
un fanatique. Le zèle des païens pour
le culte des faux Dieux, en les fuppo-

fant dans la bonne foi, fuppofition affez difficile à faire, n'auroit été qu'une
erreur déplorable, s'ils fe fuffent ef-
forcés par les voies de la douceur &
de la perfuafion de gagner à leurs ido-
les de nouveaux adorateurs. Mais les
plus cruelles perfécutions, les buchers
allumés, les glaives levés, des tortures
de toute efpéce préparées, le fang des
Chrétiens coulant de toutes parts ; ne
font-ce pas là de funeftes effets d'un
horrible fanatifme ?

Que notre religion s'eft établie bien
différemment! Les Apôtres & leurs
compagnons ou fucceffeurs n'ont jamais fçu qu'inftruire, exhorter, conjurer. Loin de faire violence à ceux
qu'ils defiroient rendre les ferviteurs
du vrai Dieu, ils s'expofoient eux-
mêmes aux dangers pour les en délivrer. Les vit-on jamais femer l'efprit
de révolte parmi les peuples ? Ne prê-

choient-ils pas hautement la soumiſ-
ſion aux Empereurs & aux Magiſtrats,
comme tenant leur autorité de Dieu
même ? Dans les fers, au milieu des
ſupplices, ils ne laiſſoient pas échapper la moindre plainte, le plus léger
murmure contre leurs Juges ou leurs
bourreaux. Sur quel fondement donc
les Déiſtes oſent - ils donner à nos
Martyrs le nom odieux de fanatiques ?
Leur but étoit - il de détrôner les
Rois, d'anéantir les Puiſſances, de
tremper leurs mains dans le ſang des
Nations indociles à leur doctrine ? Au
contraire, plus le nombre des Chrétiens s'augmentoit, moins il y avoit
de voluptueux, d'avares, d'ambitieux.
Plus leur doctrine ſe répandoit, plus
on veyoit de paix & de tranquillité
dans le ſein des familles, plus le commerce étoit floriſſant, & les pauvres
ſoulagés, plus enfin la ſubordination

régnoit, & plus les trônes s'affer-
missoient.

Les Apôtres modernes, je veux dire, ces zélés Missionnaires, qui depuis
deux siécles ont converti à la foi de
J. C. une partie de la Chine, se se-
roient-ils acquis l'estime & l'amitié des
Souverains de ce vaste Empire, si la
religion qu'ils y prêchoient tendoit à
l'anéantissement des Puissances du siécle, & s'ils n'eussent protesté dans leur
discours, & prouvé par leur conduite
qu'ils ne venoient point enlever aux
Empereurs ou aux Sujets le moindre
avantage temporel, mais leur offrir
de la part du vrai Dieu une couronne
& des richesses incorruptibles, après
cette vie mortelle. Le martyre, qui
dans des tems de troubles & dans des
circonstances critiques étoit quelquefois la recompense de leur zèle, la
joie avec laquelle ils y voloient, in

laiſſoient plus aucun doute ſur la pureté de leurs intentions, & ſur le déſin-
téreſſement total de leurs pénibles travaux. La jalouſie & l'avarice des Man-
darins, qui n'ont jamais ceſſé de jetter dans les eſprits d'injuſtes ſoupçons
contre ces Miſſionnaires ; l'aveugle
déférence des Empereurs pour les avis
des Miniſtres de leur religion, & leur
attachement aux anciennes ſuperſtitions du pays, ont toujours été de puiſſans obſtacles à vaincre. Peut-être
auſſi quelque méſintelligence entre certains Miſſionnaires de différentes nations ou de différens ordres a-t-elle
été une dés cauſes de la haîne conçue
contre notre religion dans pluſieurs
cantons de la Chine, où j'ai fait des
campagnes : mais cela n'a pas empêché
que dans beaucoup de provinces & à
Pekin même où j'ai été, on n'ait tolé-
ré des établiſſemens chrétiens qui ſub-

fiſtent encore aujourd'hui. C'eſt pourquoi s'il n'y a pas à la Chine autant de
Chrétiens qu'il pourroit y en avoir, il
y a tout lieu de penſer que la foi s'eſt
conſervée pure dans la plûpart des familles qui ont eu le bonheur de la recevoir; & il faut eſpérer que le zèle
pour ces miſſions glorieuſes ne ſe ral-
lentira point dans ces ſaintes maiſons,
qu'on peut nommer des ſéminaires
d'Apôtres & de Martyrs.

Les miſſions, & les converſions
qu'elles opèrent, ſont pour moi une
preuve de la divinité du Chriſtianiſme.
Il n'y a aucune des autres religions
qui ait des miſſionnaires; & s'il arri-
voit ici des Bonzes ou des Brames qui
dogmatiſaſſent, & preſſaſſent vivement
d'embraſſer leur croyance, les vit-on
prier, jeûner, ſe mortifier, pratiquer
la plus auſtère pénitence, pour obtenir du Ciel qu'on renonçât à ce qu'ils

appelleroient erreurs ; loin de faire la
moindre impreſſion ſur l'eſprit & ſur
le cœur, ne deviendroient-ils pas eux-
mêmes les objets de la compaſſion humaine & de la charité chrétienne ?
Pourquoi donc nos miſſionnaires ſont-
ils mieux reçus chez eux ? Pourquoi
ces Nations (ou du moins partie d'elles) abjurent-elles leur foi pour pro-
feſſer la nôtre ſeule ? La force de la
vérité n'eſt-elle pas évidemment l'unique cauſe de ces prodiges ? On me
pardonnera cette légère digreſſion : re-
venons au fanatiſme. Il n'y a rien de
plus diamétralement oppoſé au zèle
dont il emprunte le maſque. Le zèle,
comme on l'a vu dans l'article précé-
dent, a deux objets, la gloire de Dieu
& le ſalut du prochain. Or le fanatiſme ne tend qu'à les détruire entièrement. Eſt-ce par la violence, par la
fureur, par le meurtre & le carnage

qu'on peut glorifier un Dieu de paix, de douceur, de patience, auteur & conservateur de notre vie? Est-ce en égorgeant impitoyablement les infidèles & les hérétiques qu'on prétend les convertir? Y a-t-il quelque précepte ou conseil évangélique qui ordonne de ne les retirer des sentiers de l'erreur que pour les précipiter dans les abîmes de l'enfer?

Mais où le fanatisme a-t-il pris naissance? Dans le sein de l'ignorance, de l'intérêt ou de l'ambition, quelquefois même chez les Chrétiens; car ils sont hommes.

Que le fanatisme d'ignorance soit possible, hors de la véritable religion, le fait l'a démontré: les Juifs en crucifiant J. C. croyoient faire une action agréable à Dieu. Mais qu'il puisse exister parmi nous, c'est une question que je n'ose résoudre: au reste ce se-

roit le feul cas où il pût être vraiment un excès de zèle. Comment
éteindrions - nous au-dedans de nous-
mêmes toutes les lumières que le chriftianifme nous a communiquées , au
point de n'en appercevoir aucune tra-
ce , qui nous fît foupçonner l'énormi-
té de nos deffeins injuftes & cruels ?
Comment nous perfuaderions - nous
que nous fuffions en droit de livrer à
la mort les ennemis de Dieu ? Cela n'a
jamais été permis qu'aux anciens Juifs
dans certaines circonftances , où Dieu
leur en avoit fait le commandement
exprès ; & ce n'eft pas aux mortels à
demander à l'Arbitre fouverain de leurs
vies raifon de fa conduite alors &
toujours adorable.

C'eft la foif de l'or déguifée fous
l'apparencce du zèle pour le vrai culte
du Créateur , qui jadis a inondé la
terre du Méxique du fang de fes habi-

tans, versé par la main des Espagnols. Pour juger des barbaries qu'ils exerçoient, il ne faut qu'entendre la demande que faisoient les Méxicains aux Missionnaires, qui vinrent depuis chez eux leur montrer le chemin qui conduit au séjour de l'immortalité. *Dans ce paradis de délices que vous nous promettez*, leur disoient-ils, *y aura-t-il des Espagnols ?* Les Missionnaires, après leur réponse, souvent n'étoient plus écoutés.

Nous ne nous souvenons qu'avec horreur des cruautés de la ligue, & du massacre de la saint Barthelemy. Les politiques sçavent que c'est l'ambition de la plûpart des ligueurs plûtôt que le zèle de notre religion, qui a plongé le fer dans le sang de ces braves soutiens de l'état pour lesquels il falloit implorer la miséricorde Divine, au lieu d'invoquer contre eux la rage la trahifon, le parricide & toutes les noirceurs de l'enfer.

De ce que j'ai dit contre le fanatifme, (que je ne fais confifter, comme on l'a vu, que dans un dégré de manie & de fureur;) il ne faut pas conclure qu'un Souverain ne doit jamais nuire aux intérêts temporels de ceux qu'il veut convertir à la véritable religion. Trop d'indulgence pourroit dégénérer en tolérantifme, qui d'ailleurs eft fouvent d'une néceffité abfolue, du moins pour un tems. La révocation de l'Edit de Nantes a ruiné beaucoup de Sectateurs de la religion prétendue réformée. Mais enfin Louis XIV, comme Roi très-Chrétien, ne vouloit que des Catholiques dans fon royaume. Les tems étoient arrivés de la févérité dont il n'ufa que tard envers une partie de fes fujets qu'un aveugle entêtement retenoit dans l'erreur,

Cette sévérité étoit zèle pour la vérité :
elle a opéré la conversion de bien des
Protestans. Je veux croire que ce ne fut
qu'une conversion simulée ; mais l'exercice de leur religion cessant, cette religion s'est affoiblie peu à peu. Les descen-
dans des pères hypocrites deviennent
plus rapprochés de la vérité ; & il y a
lieu d'espérer qu'ils l'embrasseront enfin dans la sincérité du cœur.

JACQUES CLÉMENT.

Tout le monde sçait que Henry III.
a été assassiné à saint Cloud par Jacques Clément , Moine Dominicain ,
Prêtre , natif du Village de Sorbonne,
près de Sens en Bourgogne , & qu'un
faux zèle arma les ligueurs contre leur
Souverain. Clément , après avoir fait
son coup , fut tué dans le moment par la
Guesle , procureur général , par qui se

scélérat fut introduit dans la chambre
du Roi, comme ayant à lui rendre une
lettre de grande conséquence. Il jeû-
na, se confessa & communia avant de
partir pour aller éxécuter son détestable
projet. Comme il fut arrivé à saint
Cloud, quelques personnes qui se dé-
fioient de lui, l'épièrent pendant la
nuit, & le trouvèrent dormant d'un
profond sommeil, son bréviaire auprès
de lui, ouvert à l'article de Judith.
Le fanatisme peut-il produire tant d'a-
veuglement & de sécurité? Oui, sans
doute; & l'on peut en juger par les
éloges que l'on donna à Rome à ce
patricide, dans la chaire où l'on auroit dû prononcer l'oraison funébre de
Henry III. On mit le portrait de Clément, à Paris, sur les autels avec l'Eu-
charistie. Le Cardinal de Retz rapporte que le jour des barricades, sous la
minorité de Louis XIV., il vit un

Hausse-col, sur lequel étoit gravé ce Moine, avec ces mots : SAINT JAC- QUES CLÉMENT. *Mém. de Sully. Not. sur la Henriade.*

> *Tantùm Religio potuit suadere malorum ?*

III.

De l'Indifférence pour la Gloire de Dieu, & pour la vraie Félicité du Prochain.

Que cette indifférence est coupable ! Pour s'en convaincre, il suffit de relire l'article du zèle, ou plûtôt de réfléchir qu'elle ne peut se trouver que dans un cœur vuide de l'amour de Dieu & plein d'attachement aux aisances & aux commodités de la vie.

Si l'amour fait tout entreprendre pour l'objet aimé, il est conséquent que nous n'aimons pas, lorsque nous sommes dans l'inaction , & peu touchés des intérêts de quelqu'un.

Ce seroit une bien mauvaise excuse que d'alléguer que le Tout - Puiffant infiniment riche , grand & heureux par lui - même , ne peut retirer de tout notre zèle le moindre dégré de gloire intrinféque. Quoiqu'il n'ait aucun befoin d'être connu , aimé , loué , adoré , il a cependant voulu l'être ; puifqu'il a créé des intelligences & des volontés. C'eft une gloire qui lui eft extrinféque ; il eft vrai , ne tournant qu'à l'avantage de fes créatures : mais c'eft une gloire dont il n'eft pas moins jaloux , & qu'il ne donnera point à un autre. En effet , étant la vérité & la bonté par effence , n'eft - il pas d'une manière particulière la fin de tout être capable de le connoître & de l'aimer ? Et ne devons - nous pas , fi nous l'aimons , nous efforcer de répandre par-

tout

tout la connoiffance & l'amour de fes perfections ? D'ailleurs, ne peut - on pas dire qu'il n'a jamais ceffé de nous glorifier ? N'eft - ce pas une gloire au néant d'être appellé à l'être, & à des dégrés d'être auffi parfaits que l'intelligence, la volonté, la liberté ?

Nous fommes devenus pécheurs : notre juftification, notre fanctification, n'eft - ce pas là une véritable glorification ? L'indifférence pour la gloire de Dieu eft donc la plus grande des injuftices & des ingratitudes.

Mais il en coûteroit trop à la nature d'être un homme d'oraifon, d'édification, de vigilance continuelle fur foi - même & fur les autres. On fe contente d'être honnête-homme, de vivre comme le gros des Chrétiens, de penfer quelquefois à fon falut, fans s'inquietter de celui des perfonnes fur qui l'on a quelque autorité ; comme fi le

Chriſtianiſme pouvoit tolérer le relâ-
chement, & que la charité fraternelle
n'en fut pas une loi auſſi indiſpenſable que le précepte même de l'amour
de Dieu.

Volez donc au-delà des mers, Prêtres du Seigneur : ne craignez ni les fatigues d'un long voyage, ni les dangers de votre miniſtère au milieu des peuples livrés à l'impétuoſité de leurs paſſions, parce qu'on les laiſſe dans l'aveuglement où ils ſont nés. Allez les éclairer, faites-en des Chrétiens, & vous ne vous plaindrez plus que ce ne ſont pas des hommes. Il eſt vrai que pluſieurs d'entre vous ſeront peut-être immolés au zèle déplorable & fanatique de ces nations pour leurs erreurs & leurs ſuperſtitions : mais peut-on mourir pour une meilleure cauſe que pour celle de Dieu, ſi c'eſt mourir que d'aller recevoir de ſes mains

la couronne du martyre, & de com-
mencer à vivre de sa vie & de sa divinité ?

Que ce langage est aujourd'hui peu
écouté ! Il ne s'addresse pas à la vérité
à tous les Ministres du Trés - Haut.
Tous n'ont pas les talens nécessaires
pour les missions, une forte santé, le
don de la parole, celui de prudence
pour se faire *tout* à tous. Mais à combien d'entr'eux le Seigneur a - t - il
départi ces talens précieux qu'ils en-
fouissent, ces riches dons qu'ils dés-
honorent, ne les consacrant pas au
salut du prochain ; n'en abusassent-
ils jamais autrement ? Pour répondre
aux vues de Dieu, il faudroit s'arracher
à une vie douce, tranquillé, éxemp-
te de troubles, de craintes, de foucis, au foin de sa chère santé, au
commerce agréable d'amis lettrés, à
tous les délassemens honnêtes qui fui-

vent la récitation du Bréviaire, & l'accomplissement de quelques autres devoirs de son état : Et c'est ce qu'on
n'a pas envie de faire. On ne songe
pas que ces paroles , *Allez* , *& bapti-*
sez par-tout les Nations , expriment un
précepte , & sont obligatoires pour
tous ceux qui y sont appellés , & que
les forces du corps & les qualités supérieures de l'ame , dont on peut se
croire sans orgueil & avec actions
de graces suffisamment pourvu, sont
des signes certains d'une vocation in-
dubitable , *souvent* pour l'instruction
des peuples que la distance des lieux
tient éloignés de tout secours, & toujours pour celles des brebis de J. C.
qu'on voit s'égarer & qu'on néglige
cependant de ramener au bercail.

La résidence au milieu de son trou-
peau est de devoir pour un Prélat, & il
ne peut sans de fortes raisons & de puis-

fans motifs féjourner longtems à la cour des Grands. Il y en a néanmoins qui pendant des années entières & fous de légers prétextes fe repofent fur leurs Grands - Vicaires du foin de leurs ouailles. Eft - ce humilité , modeftie ? Voilà chez eux des vertus bien tardives. Un Evêque feroit - il mal de prier un Souverain qui voudroit abfolument l'attacher auprès de fa perfonne , de le décharger , par la nomination de quelqu'autre Eccléfiaftique de mérite & de choix , des devoirs & des revenus de l'Epifcopat ?

LES CAFFÉS.

Les célébres Caffés des Comédies & de l'Opéra fourniffent à Paris plus d'un exemple de la coupable indifférence dont je viens de parler , dans certains Abbés qui paffent malheureufement toute leur vie à juger du mérite d'une pièce nouvelle, & à faire l'analyse de la voix, la généalogie des uns & des autres, à faire l'analyse du geste d'un Acteur, ou d'une Actrice qui n'a pas encore paru sur la scène.

Voilà ce que j'avois à dire sur les devoirs de l'Homme à l'égard de Dieu, & sur les vices qui l'en détournent. Voyons présentement ce qu'il se doit à lui - même, & comment il peut être injuste envers ce moi qu'il chérit tant.

Fin de la première Partie.

Fin de la première Table.